이 소중한 책을

특별히 _____님께

드립니다.

주님과 함께 풍성한 오늘의 삶을 위한 안내

# 새로운 삶의 축복
## *The Blessing of New Life*

최하중 장로

나침반

## 추천의 글 1

 한 크리스천 사업가가 캄보디아 오지에 학교를 건축해 주었습니다. 마을 분들이 너무나 고마워 기증자의 이름을 건물에 새기자고 했으나 그는 극구 사양하였습니다. 그러자 알지 못하는 사람이 행한 귀한 마음을 잊지 않고자 현지인들은 학교 벽에 이렇게 새겼습니다.

"그리스도인이 만들어주다."

그렇습니다. 이 책의 저자 최하중 장로님은 전문적인 저술가도 아니고 글쓰기의 달인도 아닙니다. 그저 영원한 생명을 주시고 붙들어 주시는 하나님의 은혜에 감격하고 감사하여 그 은혜를 함께 나누지 않고는 견딜 수 없어 기도하며 몇 번을 점검하면서 글을 쓰셨습니다.
이 글은 주님의 사랑을 체험한 신앙 고백입니다. 좋은 것을 나누려는 사랑의 편지입니다. 새 생명의 양육을 위한 땀입니다.

본서 「새로운 삶의 축복」은 예수님을 구세주와 주님으로 영접하여 '하나님의 자녀'가 되고, 예수님의 지상 명령을 순종하여 '전도자'가 되며, 예수님을 사랑하여 "내 어린 양을 먹이라"(요 21:15)라는 주님의 당부를 실천하는 '작은 목자'의 길을 안내하는 책입니다.

조선시대 문인 유한준의 글이 떠오릅니다.
"사랑하면 알게 되고, 알면 보이나니, 그때에 보이는 것은 전과 같지 않으리라."

예수님의 사랑의 포로가 된 그리스도인들은 교회에 처음 나온 새 가족이 보이게 되고, 다가가게 되며, 친구로 동행하게 됩니다.

새 가족을 향한 저자의 뜨거운 마음과 깊은 사랑을 공감하며 주님께서 이 책을 읽는 모든 분들에게 동일한 감동을 주실 것을 기도합니다. 마지막으로 개신교 선교의 아버지로 불리는 윌리엄 캐리(William Carrey) 인도 선교사의 유언을 나눕니다.

"내가 죽거든,
캐리에 대해서는 아무것도 말하지 말라.
캐리의 구주에 대해서만 말하라."

_ **최인하**(기독교대한감리회 울산교회 담임목사)

당신의 삶은 안녕하십니까? 하나님은 풍성한 삶으로 당신을 부르셨습니다.

"도적이 오는 것은 도적질하고 죽이고 멸망시키려는 것뿐이요 내가 온 것은 양으로 생명을 얻게 하고 더 풍성히 얻게 하려는 것이라" - 요 10:10

어떻게 풍성한 삶을 누리며 살 수 있을까요?

첫째, 진정한 나를 만나야 합니다.
둘째, 나를 만드신 창조주 하나님을 만나야 합니다.
셋째, 하나님의 창조 목적대로 살아가야 합니다.
넷째, 부르심과 사명을 따라 살아가야 합니다.

이 책은 위의 네 가지 화두에 대한 명확한 답을 제시하고 있습니다. 죄인 된 나의 상태, 그로 인해 하나님께 분리된 나의 모습, 죽음과 심판 그리고 영원한 지옥 형벌, 어떤 것으로도 해결할 수 없는 나의 죄 문제, 하나님의 유일한 해결책 예수 그리스도, 그분의 십자가 죽음과 부활, 그분을 나의 구세주와 주인으로 모시는 나의 선택, 하나님의 자녀로 거듭난 신분과 새로운 삶. 이것이 복음입니다.

이 책은 성경을 쉽게 풀어쓴 복음서이고 해설서입니다. 저자의 안내를 따라가다 보면 하나님의 말씀인 성경의 권위와 그 속에 나타난 하나님의 사랑인 복음을 더 깊이 이해하게 됩니다.

이 책은 하나님의 창조 사역과 구원의 경륜을 결부시켜 우리의 구원이 단순해 보이지만, 그 속에 감추어진 놀라운 섭리를 깨달아 깊은 은혜로 나아갈 수 있도록 도와줍니다. 또한 구원받은 성도가 이 땅에서 성화를 이루어가며 성숙한 그리스도인으로 변화되는 삶에 대해 말씀에 근거한 명확한 기준을 제시합니다. 이 땅을 떠나 영원한 세계와 상급을 사모하는 삶을 살아가는 그리스도인들에게도 충분한 동기를 부여해 줍니다.

이 책은 예수님의 제자로 살기를 원하는 평신도 사역자들의 입문서입니다. 주님의 사명을 감당하고 싶은 평신도 사역자들이 매일의 평범한 삶 속에서 전도자의 삶, 제자의 삶을 어떻게 살아갈 수 있는지에 대해 담담하게 이야기하고 있습니다.
자신의 구원에 대해 점검할 뿐 아니라 돕는 사람의 확신을 견고하게 해줄 수 있도록 도움을 주는 내용으로 풀어가고 있습니다.

따라서 교역자들뿐 아니라 다양한 방법으로 성도를 섬기는 모든 평신도 사역자, 특히 소그룹으로 양 무리를 인도하는 목자, 구역장, 간사, 그 외 다양한 방법으로 각 지체에서 섬기는 평신도 사역자들에게는 많은 동기 부여와 소망을 드리게 될 것입니다.

이 책은 궁극적으로 한 그리스도인이 복음으로 거듭나서 예수님의 제자로서 일생 동안 한 방향, 한 길을 가는 순례자로 살아가는 것을 도와주는 나침반 역할을 해줄 것이라 확신하며 추천합니다.

_ **변희관**(부산세계로선교회 목사)

# 축복의 기회가 되고
# 풍성한 오늘의 삶에 도움 되기를 바라며…

하나님은 다양한 방법으로 모든 사람에게 하나님을 나타내고 하나님을 만날 수 있는 기회를 주신다. 환경을 통하여 나를 만나주신 하나님께 감사드리며 예수님 영접 이후의 신앙생활 과정과 책 내용에 대해 소개한다.

1980년 겨울 한국 N선교회 광주 지역 생활관에서 소책자 전도지로 복음을 설명한 인도자는 "이제 예수님을 영접하시겠습니까?"라고 나에게 질문하였다. 나는 "예"라고 대답한 후 인도자를 따라 예수님 영접 기도를 하였다.

인간은 모두 죄인이며 내 죄를 위하여 예수님이 십자가에서 죽으심과 부활 등 엄청난 사건들은 이성을 넘어서지만 마음에 감동이 있어 들은 내용을 믿고 받아들였다. 인류의 죄를 위해 십자가에서 죽어주신 예수님을 새롭게 만나며 처음으로 성경을 더 알고 싶었다.

1982년 신실한 기독교 신자인 고향 친구와 결혼하며 근무지의 부대 교회에 출석했다. 그러나 성경 말씀을 지켜 행하지 못하는 나 자신을 보며 신앙생활이 부담스러웠지만, 한편으로는 진리를 더 알고 싶은 마음도 함께 있었다.

하나님께서는, 전역 후 지금까지 하나님을 더 알아가며 신앙생활을 할 수 있는 환경으로 인도하여 주셨다.

선교회에서 울산감리교회에 등록 후 주로 새 가족을 돕는 양육 교사로 여러 명이 함께 봉사하였다. 하나님은 지극히 평범한 직장인이자 평신도로서 무엇 하나 내세울 것 없는 죄인 된 나 같은 사람도 복음 전도에 사용하신다는 것을 깨닫게 하셨다. 그리고 하나님을 더 알아가려는 열망과 내가 듣고 배우며 진리로 알게 된 말씀을 나누기 위해 용기를 내어 이 책을 쓰게 되었다.

이 책의 1장은 그리스도의 복음을, 2장은 구원의 확신을 점검하며 구원 이후의 새로운 삶에 대하여 적었다. 3장은 성경 요약과 성경 번역 과정에 대하여, 4장은 초신자들이 질문을 가지는 우리나라 초기 선교활동과 한국교회의 성장을 찾아보며 전도 이야기에 초점을 두어 기록하였다.

이 책이 아직 하나님을 모르는 분들에게는 예수님을 만나는 계기가 되어 예수님을 믿고 하나님의 자녀가 되는 축복의 기회가 되고, 기존 성도들에게는 주님과의 첫 만남의 사랑을 돌아보는 기회와 풍성한 오늘의 삶에 작은 도움이 되기를 바란다.

지나온 모든 시간에 감사한다.

특별히 교회로 인도하여 준 친구, 세례를 받은 충성대교회, 여러 곳의 군인교회, 영혼 구원의 소중함을 알게 해준 네비게이토 선교회 신우들께 감사한다. 울산감리교회 교역자분들과 장로님들께 감사드리며 함께 봉사를 가진 새 가족부, 전도대, 청년부 그리고 모든 성도님들께 감사드린다. 참 믿음, 바른 삶으로 인도해 주시며 추천의 글을 써주신 최인하 담임목사님께도 감사드린다.

지역 군(軍) 선교를 위하여 함께 봉사하는 울산예비역기독군인회 회장님과 회원분들께 감사드리며 전파 선교를 위하여 마음을 함께하는 울산극동방송 운영위원님들께 감사드린다. 청년의 때 믿음의 도전을 주시고 지금까지 신앙의 관심을 주시며 추천의 글을 써주신 세계로선교회 변희관 목사님께 감사드린다.

나의 첫 책과 두 번째 책을 빛을 보게 하고, 다시 쓴 세 번째 책을 다듬어 준 나침반출판사 편집팀과 직원들에게 감사드리며, 여기까지 인도하여 주신 주님께 모든 감사와 영광을 올려드린다.

**_ 저자 최하중**

# 차례

# 제1장

# 하나님의 크신 사랑

"하나님이 세상을 이처럼 사랑하사 독생자를 주셨으니
이는 그를 믿는 자마다 멸망하지 않고
영생을 얻게 하려 하심이라"
– 요 3:16

# 1

# 하나님의 계획

## 아름다운 창조

하나님은 태초에 천지를 창조하시고, 빛과 어두움, 하늘과 땅과 식물, 해와 달과 별, 조류와 육지 동물들을 그 종류대로 창조하시니 "하나님이 보시기에 심히 좋았더라"라고 말씀하셨다. 하나님은 여섯째 날에 남자와 여자를 창조하시고 천지와 만물을 다 이루신 후 일곱째 날에 안식하셨다.(창 1:1 창 2:2)

하나님은 천지창조를 통해 하나님의 영광을 드러내시고, 인간을 통해 하나님의 영광을 보여주신다. 이는 하나님의 무한한 사랑과 지혜로 이루어진 특별한 계획으로 이 땅에 하나님의 원대한 뜻을 이루기를 원하셨다.

　성경은 여러 곳에서 창조의 아름다움을 선포하고 찬양한다.
　하나님을 알든 모르든, 인정하든 인정하지 않든, 인간은 자연
을 보며 경이로움과 행복감을 느낀다. 붉게 솟아오르는 태양과
아름다운 석양…. 너무 크지도 그리 작지도 않게 아름다운 형형
색색으로 조화를 이루는 만물들…. 하나님이 창조하신 자연은
아무리 보아도 질리지 않을 뿐 아니라 많은 것을 느끼게 한다.
이 자연은 하나님의 사랑이 담긴, 우리를 위한 창조물이기 때문
이다. 내가 살고 있는 우주 만물들을 자세히 보면 볼수록, 더 알
아갈수록 너무나 멋진 하나님의 작품임을 느끼게 된다. 그 아
름다운 창조 속에는 사람을 위한 하나님의 크신 사랑이 깃들어
있다.

> "여호와 우리 주여 주의 이름이 온 땅에 어찌 그리 아름다운지요 주의 영광이
> 하늘을 덮었나이다" – 시 8:1 (사 45:18)

　하나님의 완벽하신 설계와 능력이 아니면 수많은 우주의 별
들과 우리가 살고 있는 지구는 질서를 유지하지 못하고 벌써 멸
망했을 것이다. 우주 만물에는 보이지 않는 질서와 조화를 이
루는 자연법칙이 있다. 지구는 태양 주위를 1년에 한 바퀴씩 조
금의 오차도 없이 돌며, 태양 역시 지구보다 9배나 빠른 속도로
은하계를 돌고 있다. 이 모든 조화가 저절로 이루어질 수 있단

말인가? 어떻게 생각해 봐도 모든 것을 가능케 한 절대자, 즉 창조주 하나님의 존재를 인정하지 않을 수 없다.(시 8:4~9)

하나님은 하나님의 형상으로 사람을 지으시고 하나님이 창조하신 이 땅에서 사람을 통하여 하나님의 뜻을 이루며 이 땅을 다스리도록 하셨다. 하나님은 사람을 죄 없는 존재로, 선하고 흠 없는 고귀한 존재로 만드셨다. 하나님은 사람에게 옳은 것과 그른 것, 선한 것과 악한 것을 선택할 수 있는 자유의지를 주셨다.(창 1:26~28 창 2:7)

하나님의 형상으로 창조된 인간은 하나님이 주신 자유의지로 스스로 선택할 수 있는 자유를 가지며, 다른 창조물과는 달리 인간만이 무한한 창조성과 독창적인 개성을 갖는다. 또한 내가 누구인지, 어디서 와서 어디로 가는지를 고민할 능력과 도덕적 본성인 양심이 있고, 영원을 사모하는 영적인 본성을 가지는 특별한 존재이다. 하나님이 지으신 우리 몸 또한 신비롭고 기묘할 뿐이다.

"주께서 내 내장을 지으시며 나의 모태에서 나를 만드셨나이다 내가 주께 감사하옴은 나를 지으심이 심히 기묘하심이라 주께서 하시는 일이 기이함을 내 영혼이 잘 아나이다" – 시 139:13,14 (전 3:11)

## 지으신 목적

그렇다면 하나님께서 이처럼 아름다운 우주를 창조하시고 사람을 지으신 목적은 무엇일까?

하나님은 사람이 살아갈 수 있는 모든 환경을 만드셨다.

하나님은 하나님의 형상으로 창조한 사람을 통하여 먼저 에덴동산에서 하나님의 통치가 이루어지고 사람과 항상 함께하며 풍성한 삶을 온 지상으로 확대하여 낙원으로 만들려는 원대한 계획이 있으셨다.

릭 워렌(Rick Warren) 목사님은 "우주 창조의 궁극적인 목적은 하나님의 영광을 보여주기 위한 것이다. 현미경으로만 볼 수 있는 작은 생물체에서부터 거대한 은하수에 이르기까지 태양과 별, 바람과 계절 등 모든 피조물은 창조자의 영광을 나타낸다.

하나님이 만드신 모든 것이 어떠한 모양으로든 그분의 영광을 나타낸다.

사과가 탐스럽게 익어가고 포도송이가 풍성한 열매를 맺으며 태양과 별들이 항상 그 위치에서 빛을 발하고 움직일 때, 그것을 만드신 창조주에게 영광을 돌리게 된다. 새들이 날고 노래 부르고 집을 짓고 하나님이 뜻하신 새로운 활동을 통해 하나님께 영광을 돌린다"라고 했다.

인간뿐 아니라 모든 우주의 창조 목적은 하나님께 영광을 드러내기 위함임을 이해할 수 있다. 마찬가지로 사람은 하나님께서 만드신 목적을 이루어갈 때 하나님께 영광을 올려드리며 인생의 의미를 찾게 된다.

"하늘이 하나님의 영광을 선포하고 궁창이 그의 손으로 하신 일을 나타내는
도다" – 시 19:1 (골 1:16 사 43:7)

나를 창조하신 하나님의 크신 계획을 다 알 수 없지만, 우리에게 주신 성경 말씀을 통해 하나님께서는 우리 인간을 하나님과 같은 영적인 존재로 창조하셨고, 하나님과 인격적인 관계를 맺고 사랑의 교제를 할 수 있음을 알 수 있다. 이 목적을 바르게 따라 살아갈 때 하나님은 우리를 통해 영광을 받으시고, 우리는 세상의 것으로는 느낄 수 없는 참된 행복을 누린다. 결국 우리 삶의 목표는 하나님이 나를 지으신 목적을 충족시켜 드리는 것이며 하나님을 즐겁게 하며 영화롭게 하는 데 있다고 말할 수 있다.

## 풍성한 삶

인류의 첫 사람 아담과 하와는 에덴 동산에서 완전한 조화와 창조의 질서를 누릴 수가 있었다. 모든 피조물을 다스리며 죄와 슬픔이 없는 상태에서 하나님과 함께하며 모든 것을 풍성히 누

리는 이들에게는 부족한 것이 없었다. 하나님이 주신 자유의지로 하나님께 순종하며 하나님을 따르는 풍성한 삶이었다. 에덴의 히브리어 어원인 '기쁨의 동산'이라는 단어처럼 그곳에서의 삶은 완벽했다.

> "여호와 하나님이 동방의 에덴에 동산을 창설하시고 그 지으신 사람을 거기 두시니라 여호와 하나님이 그 땅에서 보기에 아름답고 먹기에 좋은 나무가 나게 하시니 동산 가운데에는 생명 나무와 선악을 알게 하는 나무도 있더라"
> – 창 2:8,9

## 하나님의 명령

하나님은 사람에게 에덴 동산을 다스리고 관리하는 책임도 주시며 동산의 모든 나무의 실과는 먹어도 되지만, 선악을 알게 하는 나무의 열매는 먹으면 죽기에 금하셨다. 하나님은 인간에게 책임과 특권도 주셨지만 금지하는 명령도 주셨다. 이것은 모든 것이 완벽했던 에덴 동산에서나 지금의 세상에서나 마찬가지다.

> "여호와 하나님이 그 사람을 이끌어 에덴 동산에 두어 그것을 경작하며 지키게 하시고 여호와 하나님이 그 사람에게 명하여 이르시되 동산 각종 나무의 열매는 네가 임의로 먹되 선악을 알게 하는 나무의 열매는 먹지 말라 네가 먹는 날에는 반드시 죽으리라 하시니라" – 창 2:15~17

하나님은 에덴 동산에서 다른 모든 것은 자유롭게 먹도록 하시고 왜 선악과는 먹지 못하게 만드셨을까? 하나님을 믿는 사람뿐 아니라 누구나 창세기를 읽으며 이런 의문을 가졌을 것이다.

이 부분에 대하여 변희관 목사님은 "성경에 그 이유를 설명하지 않으므로 알 수는 없지만, 우리의 이성으로 두 가지 정도의 이유를 생각해 볼 수 있다.

하나는, 질서의 문제이다.

하나님은 질서의 하나님이시다. 한 국가의 질서를 위하여 수많은 법 조항이 있듯이 하나님은 에덴 동산의 질서를 유지하기 위하여 단 한 가지의 법을 만드셨다고 보는 것이다.

다른 하나는, 순종의 문제이다.

하나님은 인간을 로봇처럼 창조해서 본능적으로 하나님을 섬기며 살아갈 수 있도록 만들 수 있으셨다. 그러나 하나님은 그런 기계적인 인간을 원하지 않고 인간 스스로 하나님께 순종하며, 하나님과 교제를 즐기며, 참된 행복을 알아가는 관계를 원하셨다. 선악과는 하나님을 향한 순종의 표시라고 보는 것이다"라고 말했다.

이 말씀은 하나님은 사람을 사랑하시고 행복한 삶을 살기를 바라시기에 하나님이 주신 자유로 하나님 말씀에 스스로 순종하고 질서를 지킬 때 풍성한 삶이 되지만 불순종할 때는 죄를 짓게 되고 죄에는 형벌이 따르기에 금하셨다는 뜻과, 하나님은 선악을 알게 되는 지식의 열매를 먹을 때 교만하게 되고 그 결과 죄를 짓게 되므로 사람과 함께하기를 바라시는 하나님의 사랑이라는 뜻이다.

## 자유의지

하나님은 처음부터 사람에게 자유의지를 주셔서 스스로 선택할 수 있게 하셨다. 선택의 자유가 없다면 진정한 행복도 없다.

윌더 스미스(Wilder Smith) 목사님은 「하나님은 사람을 지으시며 스스로 선택할 수 있는 자유를 주셨는가?」라는 문제에 대하여 "하나님은 우리에게 구애하셨고 이 땅의 사람들의 사랑을 얻고 싶어 하신다. 하나님은 예수 그리스도로 이 땅에 오셔서 사람이 되시고 예수님은 우리를 위해 목숨을 버리시며 사랑을 구애하셨다. 이것은 하나님이 사람을 높게 여기시는 것을 보여준다. 이것은 또한 힘이 아니라 미련한 설교(전도)를 통해 사람을 부르시며 찾으시는 이유이다.

사랑은 강요함이 없으며 자유로운 의사 결정만이 최상에 도달할 수 있다. 자선에서도 어려운 이웃을 위한 자선은 미덕이지만, 의무나 강요된 선행은 이미 선행이 아니다.

하나님은 하늘 세계와 이 땅에서도 최상의 것으로 창조하셨다.

이것의 실현을 위해 진정한 자유를 보장하셨다. 아담과 이브와 인류가 무슨 일을 할 것인가를 하나님이 예견할 수 있다 해서 하나님이 그에 대한 책임이 있는 것은 아니다. 이는 그들에게 자유의지를 주셨기 때문이다.

하나님이 원하시는 사랑은 인격을 넓혀 주며 영혼을 고귀하게 만든다. 하나님의 뜻을 즉시 절대적인 순종으로 수행하는 로봇 국가를 이 땅과 하늘에 세우지 않으셨다. 하지만 구애받은 사람이 다른 이와 결혼한다면 구애의 날들이 사라진다"라고 말했다.

양심은 모든 사람에게 공통적으로 존재한다.

사람은 양심을 통해 옳은 것과 그른 것을 구분할 수 있다. 양심의 소리는 하나님의 소리를 감지하는 중요한 기능이다. 의지는 사람이 선택하는 능력이며 결정하는 기구이다. 마음이 사람을 다스리므로 마음이 악하면 의지도 악하고 마음이 선하면 의지도 선하다.(롬 2:14,15)

하나님께서 사람에게 스스로 선택할 수 있는 권한을 주심은 우리 모두의 의사를 존중하여 인격적인 관계를 바라시기 때문이다.

# 2

# 인간의 상태

## 죄를 범함

아름답고 평화로운 에덴 동산에서의 삶이었지만, 어느 날 이 모든 것을 사라지게 만든 사건이 일어났다. 인류의 첫 사람 아담과 하와가 하나님이 금하신 선악과를 따먹은 것이다. 아담과 하와는 하나님의 명령을 거역하고 뱀의 간교에 속아 불순종을 선택했다. 아담은 하나님이 주신 자유 선택권으로 스스로 하나님의 명에 불순종하고 죄를 짓고 타락했다. 아담과 하와의 부끄러운 불순종으로 하나님과 풍성히 누릴 수 있는 에덴 동산을 잃었다.(창 3:1~24)

하나님은 사람을 몸과 혼과 영을 가진 하나님의 형상으로 지으셨다.

인류의 첫 사람 아담과 하와가 선악과를 먹은 날 그의 영이 죽었다. 영이신 하나님은 영과 교제를 가지므로 하나님과의 풍성한 교제는 단절되었다. 사람은 하나님께 사랑받으며 하나님께 영광을 돌리며 살도록 창조되었지만, 하나님께 불순종한 사건으로 사람의 마음에 악한 죄가 들어와 사람과 창조주 사이에 넘지 못할 간극이 생겨 단절되며 더 이상 온전한 축복을 누릴 수 없게 되었다. 아담의 범죄로 여자를 유혹한 뱀도, 유혹을 당한 여자도 , 아내의 말을 들은 아담도, 이 땅도 저주받고 벌을 받는다. 자유의지는 소중하지만 불순종에 대한 결과는 크다.

아담 한 사람으로 말미암아 죄가 세상에 들어왔으며, 아담 이후 모든 사람은 죄의 본성을 가지고 태어나며 죄 가운데 살게 되고, 죄를 지을 수밖에 없는 존재가 되었다. 사람은 죄를 지으므로 죄인이 아니라 죄인이기 때문에 죄를 짓는다. 이 말씀은 우리가 왜 죽음과 불행이 공존하는 삶을 살아야 하며, 또한 절대로 넘을 수 없는 죄라는 장벽을 하나님 사이에 두게 되었는지를 설명한다.

(롬 3:23 롬 5:12 엡 2:3 롬 7:8 엡 4:18 사 59:2)

믿지 않는 사람들은 이런 내용을 들을 때마다 자기는 죄를 지은 적이 없는 선량한 사람이라고 강변한다. 하지만 성경이 말하는 죄는 단순히 법을 어겨 감옥에 가는 것을 말하는 것이 아니다. 국가마다 죄의 기준이 다를 수 있지만, 하나님의 법에 따르면 모든 사람은 단 한 명의 예외도 없이 죄인이다. 우리의 삶이 바로 이것을 증명하고 있다.

죄의 문제가 해결되지 않은 사람은 참된 행복과 평안이 없으며 사망의 공포에서 벗어나지 못한다. 일시적인 행복과 평안을 누릴 수 있을지언정 잠깐의 즐거움이 사라지면 다시 죄로 인해 좀먹는 삶을 살게 된다. 모든 인간을 불행하게 만들고 비참한 죽음에 이르게 하는 것이 바로 이 죄이기 때문이다. 죄로 인해 양심의 활동은 멈추어도 양심은 영혼의 구원을 갈망한다.

(딤전 4:2 히 10:22 딛 1:15)

「전도폭발」을 쓴 제임스 케네디(D. James Kennedy) 목사님은 "죄가 단순히 강도나 살인, 도적질에 대한 것이 아니라 이웃을 사랑하지 않고 부모를 공경하지 않는 것처럼, 해야 할 일을 하지 않는 것도 역시 죄"라고 말했다. 생활 속에서 스스로 짓는 죄, 무의식 속에서 나도 모르게 지을 수 있는 죄도 포함한다면, 우리는 생각과 말과 행동으로 하루에도 무수히 많은 죄를 짓고 산다. 그러나 그 모든 것과 비교할 수 없는 죄는 창조주이신 하나님을 믿지 못하고, 구원자로 오신 예수님을 외면하는 것이다. 육신의 부모를 불신한다면 불효자이다. 하나님의 말씀을 외면한다면 죄인이다.

"만일 우리가 죄가 없다고 말하면 스스로 속이고 또 진리가 우리 속에 있지 아니할 것이요" - 요일 1:8 (마 15:18,19 막 7:20~23)

## 죄에 대한 결과

**(1) 죽음 이후 심판을 받는다.**

우리는 죽음 앞에 어떤 모습인가?

내일 당장 죽는다 해도 담대하게 오늘 할 일을 할 수 있는가? 세상에서 아무리 장수하고, 성공하고, 뛰어난 업적을 남긴 사람도 결국 죽는다. 죽기 전까지 우리는 죽음을 경험하지 못하지만 결국 모든 사람의 죽음은 정해져 있다. 인간의 죽음은 연습할 수 없이 한 번으로 끝나며 죽음 후에는 심판이 있다.

어떤 사람은 죽으면 모든 것이 끝이라고 생각하고, 어떤 사람은 죽음 뒤의 또 다른 삶이 기다리고 있다고 생각한다. 또 어떤 사람은 지금 살아가는 이 세상이 환상이며 죽음은 그 환상을 깨는 현상이라고 말하기도 하며, 어떤 사람은 성경을 믿지 않기 때문에 죽음 이후의 심판은 자신과는 무관하다고 말하기도 한다. 그러나 성경은 죽음은 죄로 인한 결과이며 죽음 이후 심판은 우리의 바람대로가 아니라 천지를 창조하신 하나님이 정하신 대로 이루어진다고 말씀한다.

"한번 죽는 것은 사람에게 정해진 것이요 그 후에는 심판이 있으리니" - 히
9:27

공의(公義)의 하나님은 결코 죄를 간과할 수 없으시기 때문에
죄를 해결하지 못한 우리의 앞길에는 무서운 형벌이 기다리고
있다.

죄는 이 땅에서 우리를 불행하게 할 뿐만 아니라 죽어서도 심
판의 형벌로 하나님과 영원한 분리에 이르게 한다. 지구상의 모
든 인간이 죄로 말미암아 받게 되는 결과는 죽어서 심판을 받게
되는 것이다. 공의롭고 완전하신 하나님은 죄와 공존할 수 없으
시며 인간의 작은 죄도 묵과할 수 없기 때문이다.

사람은 죽음 이후 몸은 흙으로 돌아가고 불멸하는 혼은 지옥
으로 간다.

성경은 지옥과 천국의 실체를 밝혀주고 있다.

구원받은 사람은 하늘나라에서 하나님과 함께하지만 구원받
지 못한 사람은 지옥의 고통을 밝히며 경고한다. 세상에서 어떤
삶을 사는지 보다 죽음 뒤의 결과가 지옥이라면 어떤 인생이든
지 절망 가운데 있지 않겠는가? 이것이 죄의 문제를 해결하지
못한 모든 인간의 궁극적인 문제이다.

"만일 네 발이 너를 범죄하게 하거든 찍어버리라 다리 저는 자로 영생에 들어
가는 것이 두 발을 가지고 지옥에 던져지는 것보다 나으니라" - 막 9:45 (시 9:17)

**(2) 심판은 둘째 사망, 곧 불못이다.**

어떤 사람은 이렇게 묻기도 한다.

'평생 남을 위해 헌신한 사람도 결국 지옥에 간단 말인가요?'

선하고, 악하고의 기준은 결국 사람의 판단일 뿐이다. 완전하신 하나님의 기준에서 모든 사람은 죄인이다. 물가에 돌을 던지면 작은 돌이나 큰 돌이나 가라앉는 것처럼 하나님의 완벽한 기준을 통과할 수 있는 선한 사람은 세상에 단 한 명도 없다.

사람은 누구나 요한계시록 21장 8절 말씀을 항상 지킬 수 없으며 이 죄를 결코 해결할 수 없기에 세상에서의 삶이 어떠하든지 누구나 죽음 뒤 그 혼은 지옥에 가며 지옥에 있던 혼은 다시 불못에 던져진다. 인간의 미래는 희망이 아닌 절망이다.


## 인간의 노력으로는 구원받지 못함

이런 죄와 죽음의 문제는 모든 인간의 고민이기에 역사적으로 수많은 다른 종교와 철학자들의 주요 문제였고 그들 나름의 해답을 내놓기도 했다. 그러나 그들이 제시한 해답 중 이런 문제들을 해결할 수 있는 정답은 없었다. 성경은 인간의 노력과 힘으로는 하나님의 의에 도저히 이를 수 없다고 말씀한다. 즉 선행, 도덕, 교육, 철학, 종교의식 등과 같은 것으로는 거룩한 창조주 하나님께로 나아가는 것이 불가능하다는 뜻이다.

"우리의 의는 다 더러운 옷 같으며…" – 사 64:6

"만물보다 거짓되고 심히 부패한 것은 마음이라" – 렘 17:9

"어떤 길은 사람이 보기에 바르나 필경은 사망의 길이니라" – 잠 14:12

"너희는 그 은혜에 의하여 믿음으로 말미암아 구원을 받았으니 이것은 너희에게서 난 것이 아니요 하나님의 선물이라 행위에서 난 것이 아니니 이는 누구든지 자랑하지 못하게 함이라" – 엡 2:8,9


인간의 고결함과 의로움은 인간의 시선으로 바라봤을 때만 의미가 있으며 하나님의 기준으로 볼 때는 더러운 옷과 같다. 방을 아무리 깨끗이 청소해도 한 줄기 빛만 비추면 수없이 떠다니는 먼지가 보이듯, 인간 스스로 애쓰고 노력해서 사람들에게 의로움을 인정받아도 거룩한 하나님 앞에 서면 추하고 더러운 속마음이 낱낱이 드러난다.

그 어느 것도 우리를 구원해 주지 못하며 우리가 찾는 참 행복의 길을 제시해 주지 못한다. 또한 그 누구도 하나님의 완전하신 기준에는 도달할 수 없다. 큰 죄를 저지르지 않았더라도 우리는 온전히 선하지 못하기 때문이다.

인간이 스스로의 노력으로 선해질 수 있고 구원받을 수 있다면 필연적으로 구원받지 못하는 사람들이 생긴다. 몸이 불편하고, 뇌에 이상이 있는 장애인도 그렇고, 교육을 제대로 받지 못하거나 어려운 환경에서 태어난 사람도 그렇다. 모든 사람이 구원받기 위해서는 다른 조건이 필요하다. 그것은 하나님의 사랑과 하나님의 은혜이다.

# 3

# 하나님의 크신 사랑

## 독생자를 보내어주심

"하나님이 세상을 이처럼 사랑하사 독생자를 주셨으니 이는 그를 믿는 자마다 멸망하지 않고 영생을 얻게 하려 하심이라" - 요 3:16

하나님은 죄의 길을 가고 있는 우리를 그대로 내버려 두지 않으시고 먼저 구원의 손길을 내밀어 해결책을 마련해 주셨다. 인간의 의로운 행위로 구원받지 못하고 멸망으로 가는 인류를 위하여 전지전능하신 하나님은 독생자 예수 그리스도를 이 땅에 보내주셨다.

인류 모두에게 가장 기쁘고 좋은 소식은 인간의 선한 노력이나 어떤 행위로도 도저히 해결할 수 없는 인간의 죄의 문제를 하나님께서 해결해 주신 것이다.

## 고난 받으시고 죽으심

하나님은 우리를 위하여 죄 없으신 예수님을 죽게 하심으로 인류의 죄를 대신 지게 해주셨다. 예수님은 하나님의 공의를 이루시고 인류의 죄를 대신하여 십자가에 달려 죽으셨다. 하나님이 인간의 몸을 입고 이 땅에 오셔서 고난과 수치를 당하며 내 죄를 담당해 주심은 기적이라 표현할 수밖에 없다.

예수 그리스도께서 십자가에서 비참히 죽으신 이유는 내 죄에 대한 삯을 치르기 위함이다. 공의의 하나님은 아무런 대가 없이 우리의 죄를 사라지게 하실 수 없었다. 그래서 모든 인류의 죄를 해결하기 위해 사실상 유일한 해결책인 예수님을 희생시키셔야 했다. 예수님의 희생으로 죄인인 우리가 하나님과 화목해지는 기적이 가능해졌다.

예수님은 죄가 없으시지만, 우리의 죄에 대한 형벌을 대신 받으시기 위해 십자가에서 피 흘려 죽으셨다. 이로써 하나님의 공의가 만족되었다. 예수님의 보혈의 희생으로 우리와 하나님의 교제가 회복되었으며, 나와 하나님 사이에 막혀있는 죄의 담이 허물어졌다. 예수님의 십자가 승리로 우리는 자유를 얻었다.

"그가 찔림은 우리의 허물 때문이요 그가 상함은 우리의 죄악 때문이라 그가 징계를 받으므로 우리는 평화를 누리고 그가 채찍에 맞으므로 우리는 나음을 받았도다" – 사 53:5 (마 27:50,51 롬 5:8 고전 15:3,4 고후 5:14)

그러므로 예수 그리스도만이 사람의 죄를 용서할 수 있으며 하나님과 화해시킬 수 있는 유일한 분이시다. 예수님의 보혈의 공로로 하나님과 분리되었던 우리가 하나님께로 갈 수 있는 유일한 다리가 되어주셨다.

죄 없으신 예수님이 나를 위해 죽으심을 믿을 때 우리가 하나님께로 갈 수 있다. 예수님을 믿는 것이 죄의 문제를 해결할 유일한 방법이며 분리된 하나님과 다시 연결될 수 있는 유일한 다리인 것이다. 예수님의 생명의 보혈로 우리는 죄를 용서받았다.

"예수께서 이르시되 내가 곧 길이요 진리요 생명이니 나로 말미암지 않고는 아버지께로 올 자가 없느니라" – 요 14:6 (골 1:14)

왜 하나님은 때때로 무서운 심판자처럼 보이면서 또 때때로 잃어버린 탕자를 기다리는 사랑의 아버지처럼 보이는 것일까?

동전이 앞면과 뒷면을 가지고 있지만 하나의 동전인 것처럼 하나님도 공의와 사랑이라는 앞면과 뒷면을 가지고 계신다. 죄를 용납할 수 없는 공의의 하나님은 죄인을 벌할 수밖에 없다. 그러나 사랑의 하나님은 인간을 다시 용서하시고 교제하기를 원하신다. 이 두 가지 모순을 해결하는 것이 예수님의 십자가인 것이다.

죄의 대가는 죽음이다.

세상의 제도도 잘못하면 벌을 받는 것이 상식인 것처럼 창조주 하나님께 죄를 지었다면 그 대가를 받는 것은 공평하다. 공의의 하나님은 작은 죄도 용서할 수 없다. 그러나 사랑의 하나님은 죄에 대한 형벌을 두고 볼 수 없기에 예수 그리스도를 보내 십자가의 죽음으로 인류의 죄를 대신 치르게 하셨다.

요한복음 3장 16절 "하나님이 세상을 이처럼 사랑하사"라는 말씀이 나타내는 내용이 바로 이것이다.

예수님이 십자가에 달려 돌아가실 때 "나의 하나님, 나의 하나님, 어찌하여 나를 버리셨나이까?"라고 외치신 이유도 그것이다. 우리의 모든 죄에 대한 형벌이 그때 예수님께 내려졌고, 우리의 죄를 다 짊어지신 예수님은 하나님과 단절되는 고통을 경험하셨다. 그러나 처절한 육체적, 영적 고통의 몸부림 속에서도 예수님은 하나님의 사랑을 이해하셨고 순종하셨다. 그래서 숨을 거두시기 전 "다 이루었다"라고 말씀하실 수 있었다.

이 말씀은 "이제 인간의 죗값을 다 지불했다"라는 승리의 선언이었다. 우리를 지옥과 영원한 멸망으로부터 구원하려는 예수님의 계획은 완성됐고, 우리의 죗값을 예수님께서 대신 지불하셨으므로 우리는 예수님을 통해 하나님께로 나아갈 수 있게 되었다. 우리는 모두 빚진 자들이다. 내 힘으로 갚을 수 없는 빚을 주님께서 사랑으로 해결해 주셨다. 하나님의 사랑은 내 죄를 위해 자기 아들을 주신 사랑이다. 사망으로부터 건져주시기 위해 피 흘려주신 사랑이다. 인간에게 이보다 큰 사랑은 없다.

"예수께서 신 포도주를 받으신 후에 이르시되 다 이루었다 하시고 머리를 숙이니 영혼이 떠나가시니라" – 요 19:30 (벧전 3:18)

## 부활하시고 승천하심

성경에 나와 있는 더욱 놀라운 사실은 예수 그리스도께서 우리 죄를 위해 죽으셨을 뿐 아니라 사흘 만에 다시 살아나셨다는 것이다. 예수님께서 십자가에서 단번에 영원한 제사를 드리심으로 모든 인간의 죄를 담당하여 주셨다. 그리고 하나님께서 예수님을 부활시키심으로 예수님의 영원한 제사를 받으셨다. 그러므로 예수님께서 십자가에서 죽으시고 부활하지 않으셨다면 죄가 그대로 있는 것이 된다. 우리 죄를 위하여 십자가에서 죽으시고 부활하신 예수님이 우리의 주인이 되신 것은 이 세상에서 가장 기쁜 소식이다.

그리스도의 복음이란 예수 그리스도께서 성경의 예언대로 우리 죄를 위하여 죽으시고 장사 지낸 바 되었다가 사흘 만에 부활하셨다는 기쁘고 좋은 소식을 말한다.

예수님의 부활은 온 인류에게 부활의 소망을 주시고 우리를 위해 부활하신 주님은 우리를 위해 승천하셨다. 이 모든 것은 우리를 위해 죽으시고 부활하셨다. 이 복음을 믿을 때 하나님은 우리를 의롭게 여겨주시며 영원한 생명(영생)을 선물로 주신다.

예수님은 하나님의 뜻에 순종하여 사망을 이기시고 부활하심으로 우리의 소망이 되셨다. 예수님은 우리의 처소를 예비하러 승천하시고 우리를 위하여 성령님을 보내어 사탄(마귀)의 세력이 여전히 지배하는 이 땅에서 승리하도록 도와주신다. 예수님은 다시 오실 것을 약속하셨으며, 이 땅에 영원한 하나님의 왕국을 이루어 주실 것을 말씀하셨다.

(롬 1:4 막 16:19 고전 15:3,4 요 14:2)

## 예수 그리스도의 다시 오심

예수님은 이 땅의 성도들을 위해 다시 이 세상에 오셔서 모든 창조물을 회복시키시고 진정한 평화를 이루어 주신다.

"볼지어다 그가 구름을 타고 오시리라 각 사람의 눈이 그를 보겠고 그를 찌른 자들도 볼 것이요 땅에 있는 모든 족속이 그로 말미암아 애곡하리니 그러하

리라 아멘" - 계 1:7 (마 24:30,31 눅 21:27)

하나님의 놀라운 사랑인 은혜를 이해하지 못하는 사람은 "하나님은 자기가 만든 피조물을 왜 멋대로 잘못되게 만들었다가 다시 구원하냐?"라고 묻는다. 하지만 지금 우리가 살고 있는 세상을 하나님이, 혹은 어떤 절대자가 창조했다고 생각해 보자. 발을 디딜 수 있는 땅, 아름다운 자연, 때에 맞게 내리는 비와 눈, 생존에 필수적인 공기와 햇빛, 물 등을 비롯해 수많은 것들은 당연히 있는 것이 아닌 하나님의 은혜이다. 완벽한 세상을 선물 받은 최초의 인간은 자신의 실수로 죄를 짓고 모든 것을 잃었다.

하나님의 명을 거역한 죄는 너무나 커 인간의 노력과 행위로는 되돌릴 수 없게 되었지만, 하나님의 사랑과 은혜는 믿기만 하면 멸망으로 가는 인류가 구원받을 수 있는 길을 마련해 주셨다. 창조주 하나님이 인간을 위하여 인간의 몸을 입고 이 땅에 오셨으며 우리를 위하여 고난받고 죽어주시고 죽음에서 부활하심과 우리를 위해 승천하셨으며 우리를 위하여 다시 오시겠다고 약속하셨다. 성경 내용을 다 알지 못하여도 성경을 하나님의 말씀으로 순수하게 받아들이고 믿는 것에서부터 믿음이 시작된다.

# 4

# 믿음의 선택

## 구원하기 위한 하나님의 요구와 축복

예수님의 희생과 부활의 능력으로 마침내 우리가 거룩한 하나님께로 갈 수 있는 다리가 놓였다. 그러나 다리를 건너는 일 즉, 믿는 것은 스스로 선택해야 한다. 하나님은 우리에게 스스로 선택할 소중한 자유를 주셨다. 하나님과 영원한 분리인 이편에서 인간의 노력으로 건널 수 없는 하나님이 계시는 저편으로 어떻게 갈 수 있을까? 즉, 어떻게 하나님의 자녀가 되어 죽음 이후에 하늘나라로 갈 수 있을까?

요한복음 5장 24절은 구원을 위한 하나님의 요구와 구원받은 자의 축복에 대해 말씀하신다.

> "내가 진실로 진실로 너희에게 이르노니 내 말을 듣고 또 나 보내신 이를 믿
> 는 자는 영생을 얻었고 심판에 이르지 아니하나니 사망에서 생명으로 옮겼느
> 니라" – 요 5:24

구원을 위한 하나님의 요구는 예수님의 말을 듣고 하나님을
믿는 것이다.

하나님을 믿을 때 현재의 영생을 가지게 되며, 미래에 심판을
받지 않으며, 과거의 사망으로부터 생명으로 옮겨지는 축복을
받는다. 우리가 심판에 이르지 않으면 미래에 닥칠 심판은 면
제되며 현재 생명이 있다면 사망도 없어지는 것이다. 이렇게 된
이유는 예수님께서 우리 죄의 형벌을 대신하여 십자가에서 죽
으심으로 우리가 하나님께로 갈 수 있도록 해주셨기 때문이다.

## 믿음이란?

믿음이란 내 마음의 문을 열고 예수님을 모셔들이는 것이다.

예수님을 믿고 마음에 영접한다는 것은 예수님을 주로 시인
하며 예수님이 내 죄를 위해 십자가에서 죽으시고 장사 지낸 바
되셨다가 살아나셨음을 믿고 그 예수님을 영접하는 것이다.

"영접하는 자 곧 그 이름을 믿는 자들에게는 하나님의 자녀가 되는 권세를 주셨으니" – 요 1:12

"내가 받은 것을 먼저 너희에게 전하였노니 이는 성경대로 그리스도께서 우리 죄를 위하여 죽으시고 장사 지낸 바 되셨다가 성경대로 사흘 만에 다시 살아나사" – 고전 15:3,4

"네가 만일 네 입으로 예수를 주로 시인하며 또 하나님께서 그를 죽은 자 가운데서 살리신 것을 네 마음에 믿으면 구원을 받으리라 사람이 마음으로 믿어 의에 이르고 입으로 시인하여 구원에 이르느니라" – 롬 10:9,10

예수님은 이 복음을 모든 사람이 믿기를 바라신다.

또 단순히 믿을 때까지 기다리는 것이 아니라 우리 마음을 두드리신다. 절대적 진리인 성경부터 우리가 받았던 전도지까지, 삶의 다양한 방법으로 하나님은 우리에게 복음의 러브레터를 끊임없이 보내신다.

예수님은 우리의 마음에 들어오시길 원하기 때문이다. 주님은 강요하지 않는다. 주님은 우리가 마음의 문을 열어 받아들이길 끝까지 기다리신다.(계 3:20)

하나님은 우리의 중심을 보시므로 '진정한 회개와 함께 예수님을 내 마음에 모셔들인다'라는 결단과 의지가 중요하다. 간절한 마음으로 다음과 같이 기도할 수 있다.

"하나님 저는 죄인임을 시인합니다.

저의 죄를 회개하오니 용서하여 주옵소서.
예수님께서 저의 죄를 대신해서 십자가에서 피 흘려 죽으시고
부활하신 사실을 믿습니다.
이제 예수님을 저의 구원의 주님으로 믿고 영접합니다.
제 마음에 들어오셔서 구원하여 주시고
새로운 삶을 살게 하옵소서.
저를 구원하여 주심을 감사합니다.
예수님의 이름으로 기도합니다. 아멘."

구원받음은 진심으로 하나님 앞에 내가 죄인이며 죄를 지을 수밖에 없는 존재임을 알고 나의 마음을 바꾸어 하나님께 나아가 하나님께 맡기는 것이다. 그리고 하나님의 도우심 가운데 새 삶을 살겠다는 회개를 가지는 것이며, 내 죄를 위하여 대신 죽어주시고 부활하심을 믿고 나의 죄를 용서하여 주심에 감사하는 것이다.

예수님을 나의 구원의 주님으로 영접하고 중보자 되시는 예수님의 이름으로 기도하면 된다. 구원은 어떤 감정이나 체험이 아니라 오직 하나님의 말씀에 근거하여 얻는다. 이것은 진리이며 하나님의 약속이기 때문이다.

"그러므로 믿음은 들음에서 나며 들음은 그리스도의 말씀으로 말미암았느니라" - 롬 10:17 (벧전 1:23)

하나님은 인간을 선하게 지으셨으나, 인간의 욕심과 높아지려는 마음으로 창조주 하나님의 명을 거역하여 죄를 짓게 되었으며 그 죄의 결과 받게 되는 심판과 해결 방법을 이해하였다면, 이제는 지금까지 들은 것을 진심으로 받아들일 것인지를 스스로 선택하는 결단의 시간이 꼭 있어야 한다. 이것은 인간의 생애에서 가장 중요한 선택이다.

## 믿음의 선택

시인 엘리엇(T. S. Eliot)은 "사람은 모든 일에 선택을 해야 하며 일단 선택을 했다면 그 일이 일으킬 모든 책임을 감수할 각오가 있어야 한다"라고 말했다.

좋든 싫든 이 책을 통해 복음의 개요를 접한 우리 역시 이제 어느 쪽에서 영원을 보낼 것인가를 스스로 결정해야 한다. 정말로 예수님을 통해 마련된 이 죄의 문제를 믿음으로써 해결할 수도 있고, 또 여전히 마음의 문을 닫고 복음을 외면한 채 살아갈 수도 있다.

지금 이 책을 통해 복음을 접한 우리도 마찬가지다.

만약 인생의 해답을 찾지 못해 방황하고 있다면, 끊임없는 죄의 문제를 해결할 방법을 찾고 있다면, 그리고 하나님이 우리에게 주신 아름다운 오늘을 진정한 기쁨을 누리며 살기 바란다면 지금 전하는 그리스도의 복음을 믿을 결단이 있어야 한다.

해결할 수 없는 죄의 짐을 지고서 절망 가운데 고통을 받으며 살다가 심판과 함께 멸망을 받겠는가? 아니면 하나님의 용서와 평안과 영생을 누리겠는가?

"아들을 믿는 자에게는 영생이 있고 아들에게 순종하지 아니하는 자는 영생을 보지 못하고 도리어 하나님의 진노가 그 위에 머물러 있느니라" – 요 3:36

성경은 믿는 사람이 누릴 축복과 믿지 않는 사람이 당할 형벌에 대해서 분명히 말씀하고 있다. 어느 쪽을 택할 것인지의 선택은 우리 스스로에게 달려있다. 자유에는 의무가 따르며 또한 그 결과에 대하여 반드시 책임이 따르는 것은 일반적인 상식이다.

"혹 네가 하나님의 인자하심이 너를 인도하여 회개하게 하심을 알지 못하여 그의 인자하심과 용납하심과 길이 참으심이 풍성함을 멸시하느냐 다만 네 고집과 회개하지 아니한 마음을 따라 진노의 날 곧 하나님의 의로우신 심판이 나타나는 그 날에 임할 진노를 네게 쌓는도다" – 롬 2:4,5

만약 지금 조금이라도 마음에 갈등이 생기고 감동이 있다면 지금 당장 앞의 영접 기도문을 참고하여 마음의 문을 열고 회개의 마음으로 예수님께 "마음에 들어와 주십시오"라고 기도하기를 권한다.

예수님을 믿고 영접한다는 것은 내 죄를 알고 스스로 해결할 수 없는 죄인 된 이 모습 그대로 하나님께 나아가니 주님의 도움으로 새 삶을 살겠다고 마음을 돌이키는 것이다. 그리고 예수 그리스도는 하나님이시며 예수님께서 내 죄를 대신하여 십자가에서 죽으시고 삼일 만에 부활하심을 지식이 아닌 마음으로 믿고 예수님을 내 마음에 모셔들이는 것이다.

한 치 앞의 일을 알 수 없는 것이 사람의 인생이다.

인생의 쾌락과 즐거움을 조금 더 누리고 싶은 생각에 조금씩 미루다 보면 우리의 영혼과 삶은 죄로 인해 좀 먹고 말 것이다. 새 생명을 얻고 예수님을 향한 믿음은 거창한 결심이나 노력이 필요하지 않다. 예수님께서 이런 우리를 위해 이미 우리에게 필요한 모든 일을 다 이루어놓았기 때문이다.

하나님은 사람을 사랑하여 사람에게 자유의지를 주셨다.

사람은 그 자유의지로 죄를 지어 사망의 형벌을 받아야 하지만, 나의 의지로 하나님을 믿을 때 하나님의 자녀로 하나님과 함께하게 된다. 사람의 자유로운 의사를 존중해 주시는 하나님의 사랑에 감사를 가질 뿐이다.

# 5

# 새로운 신분

죄를 시인하고 회개의 마음으로 오직 예수 그리스도의 십자가 보혈을 머리로 아는 지식이 아닌 마음으로 믿고 입으로 시인하였다면, 예수님은 지금 당신의 마음속에 들어와 계시며 당신은 하나님의 자녀로 천국 시민이 되었다. 죄를 회개하고 예수님을 영접하면 영적으로 많은 일들이 일어난다.

성령님은 구원받은 사람 안에 들어오시고 우리가 다 알 수 없는 변화를 주신다. 구원받음의 느낌이나 감정적인 변화는 당장 나타나지 않을 수도 있기에 성경에 나와 있는 예수님의 확실한 약속을 믿으면 된다. 이 은혜는 인종이나 개인사, 지식의 많고 적음에 관계없이 믿는 즉시 누구나 하나님 나라의 시민이요, 하나님의 자녀로 주님의 가족이 되었으며 다음과 같이 새로운 신분으로 변화되었다.

### (1) 새로운 피조물이 되었다.

"그런즉 누구든지 그리스도 안에 있으면 새로운 피조물이라 이전 것은 지나갔으니 보라 새 것이 되었도다 모든 것이 하나님께로서 났으며 그가 그리스도로 말미암아 우리를 자기와 화목하게 하시고 또 우리에게 화목하게 하는 직분을 주셨으니" – 고후 5:17,18

### (2) 하나님의 자녀가 되었다.

"너희가 다 믿음으로 말미암아 그리스도 예수 안에서 하나님의 아들이 되었으니" – 갈 3:26

### (3) 영원한 생명을 소유하게 되었다.

"또 증거는 이것이니 하나님이 우리에게 영생을 주신 것과 이 생명이 그의 아들 안에 있는 그것이니라 아들이 있는 자에게는 생명이 있고 하나님의 아들이 없는 자에게는 생명이 없느니라 내가 하나님의 아들의 이름을 믿는 너희에게 이것을 쓰는 것은 너희로 하여금 너희에게 영생이 있음을 알게 하려 함이라" – 요일 5:11~13

### (4) 죄와 사망에서 해방되었다.

"그러므로 이제 그리스도 예수 안에 있는 자에게는 결코 정죄함이 없나니 이는 그리스도 예수 안에 있는 생명의 성령의 법이 죄와 사망의 법에서 너를 해

방하였음이라" - **롬 8:1,2**

## (5) 하나님의 의가 되었다.

"하나님이 죄를 알지도 못하신 이를 우리를 대신하여 죄로 삼으신 것은 우리
로 하여금 그 안에서 하나님의 의가 되게 하려 하심이라" - **고후 5:21**

## (6) 그리스도의 영을 소유하게 되었다.

"만일 너희 속에 하나님의 영이 거하시면 너희가 육신에 있지 아니하고 영에
있나니 누구든지 그리스도의 영이 없으면 그리스도의 사람이 아니라" - **롬 8:9**

**(엡 1:13 고전 3:16,17)**

구원받은 자의 기적 같은 변화들은 믿음의 성장을 가지며 더
욱 알아가게 된다.

우리는 언젠가 죽음을 맞는 존재라는 사실을 인식하며 살아
갈 때 매 순간 맞이하는 시간에 좀 더 진지해질 수 있다. 예수
그리스도 안에서 하나님의 자녀로 하나님을 나타내며 새로운
삶을 살아가는 것은 가슴 벅찬 기쁨이다. 주님과 함께하는 것,
그보다 더 큰 축복은 없다.

이제 예수님을 믿고 놀라운 변화를 받은 자이니 육체의 나이
와 상관없이 영적으로는 다시 태어난 믿음의 어린 사람이다. 아
기가 부모의 사랑으로 위험한 환경에서 보호되며 성장하는 것
처럼 초신자는 교회와 성도들과의 교제와 영의 양식인 성경 말
씀을 섭취하며 믿음의 성장을 이룬다.

제2장

# 새로운 삶의 축복

"도둑이 오는 것은 도둑질하고
죽이고 멸망시키려는 것뿐이요
내가 온 것은 양으로 생명을 얻게 하고
더 풍성히 얻게 하려는 것이라"
– 요 10:10

# 1

# 구원의 확신

## 죽음 이후

인류의 조상 아담이 죄를 지으므로 죄가 세상에 들어오고 그 죄로 인하여 모든 사람은 사망에 이른다. 이 사망은 육체는 죽어 흙으로 돌아가고 죄를 해결하지 못한 그 혼은 영원한 지옥에 있게 된다.

사람이 죽으면 몸 안의 혼은 떠난다.
혼이 어떤 모습인지 보이지 않으므로 알 수 없으나 누가복음 16장 22~24절 부자와 나사로 이야기에서 부자와 나사로는 죽어 몸은 무덤에 있으나 나사로는 낙원에 있으며 부자는 지옥에 있는 것에서 혼은 사람과 같은 형태임을 짐작할 수 있으나, 영의 세계는 인간의 이성으로 알 수 없다. 지옥에 있는 혼은 고통도 받지만 타거나 소멸되지 않으며 영원히 죽지 않는 존재이다.

(롬 5:12 눅 16:22~24 막 9:47~49)


예수님 재림 후 지옥에 있던 자들은 행위대로 심판을 받고 불 못에 던지워진다. (히 9:27 계 20:11~15 계 21:8)


## 구원을 받으려면 어떻게 해야 하는가?

세상의 모든 사람이 죄를 범하여 그 결과 멸망으로 가야 하나 하나님은 모든 사람이 구원을 얻고 이 땅에서 평강한 삶을 살기를 바라시며, 죽음 이후 하늘나라에서 하나님과 영원히 함께 하기를 바라신다. 공의의 하나님은 죄의 해결 없이 그냥 용서해줄 수는 없다. 하나님은 인류의 죗값을 대신 치르시기 위해 친히 사람의 몸으로 이 땅에 오셔서 십자가에서 피 흘려 죽으심으로 인류가 구원받을 수 있는 길을 마련하셨다. 구원을 주기 위한 하나님의 요구는 믿음이다.

(롬 3:23 딤전 2:4 고전 15:3,4 롬 10:9~10 요 5:24)


구원받으려면 나 자신이 죄인임을 인정하고 하나님 앞에 내 죄를 시인하고 회개의 마음으로 예수님을 영접해야 한다.(1장 믿음이란? 의 영접 기도문 참조) 믿음이란, 예수님은 하나님이시며 예수님의 탄생과 예수님께서 우리의 죄를 위하여 십자가에서 죽으심과 부활하심을 마음으로 믿고 입으로 시인하는 것이다. 예수님을 영접할 때 성령 하나님은 내 안에 들어오시고 죽었던 영은 거듭나고 불멸하는 혼은 구원을 얻고 지옥이 아닌 하나님이 계시는 하늘나라로 간다.

예수님의 동정녀 탄생, 예수님의 부활과 승천 등 엄청난 사건들은 인간의 이성을 넘어서는 영역이다. 우리는 성경을 하나님의 말씀으로 믿어 구원을 받은 자이다. 인간의 이성을 넘어서는 사건이지만 성경 말씀을 믿기에 성경에 기록된 사건들을 사실로 믿을 때 하나님은 의심 없이 믿는 순수한 믿음을 보시고 구원을 선물로 주신다.

예수님을 믿는 것 이외에 다른 무엇을 행하여 주님 앞에 서겠다는 자들에게 하나님은 도무지 알지 못한다며 내 앞에서 떠나라 하신다.(마 7:21) 모든 사람이 믿음만으로 구원을 얻게 하기 위하여 창조주 하나님께서 인간의 몸으로 이 땅에 오셔서 고난과 수치를 당하며 피의 희생으로 공의를 이루어주셨다.
예수님은 자신의 백성을 죄에서 구원하러 오신 구원자이시다. 예수님은 천국보다 지옥에 대한 경고를 더 많이 말씀하셨다. 지옥은 버려지도 죽지 않고 불도 꺼지지 않는 큰 고통이 있는 곳이기 때문이다.

공중의 권세 잡은 사탄은 죽음은 끝이며 사후세계 같은 건 생각할 겨를 없이 바쁘게 살아가게 하지만, 죽음 이후 내 몸은 소멸되어도 내 영혼은 어디로 가는가를 늘 생각해야 한다. 이 세상은 내가 바라는 대로가 아닌 이 세상을 창조하신 하나님의 계획대로 이뤄지기 때문이다. 하나님은 세상을 이처럼 사랑하여 지옥의 멸망으로 가는 인류 구원을 위하여 독생자를 죽기까지 하여 해결해 주셨다. 사람이 죽어서 그 영혼이 지옥이 아닌 하늘나라에 가기 위한 하나님의 요구는 어린아이와 같은 순수한 믿음 하나이다.

## 구원은 왜 믿음으로만 받는가?

이 세상은 두 종류의 구원의 길을 제시한다.
하나는 스스로의 노력을 통해 하나님께 도달하려는 종교행위의 길이다. 예수님은 종교행위와 자기 의로 구원을 이루려는 자들을 꾸짖으시며 새로운 진리의 시대를 열어주셨다.(마 23:33)

다른 하나는 죄 있는 인간을 불쌍히 여기셔서 십자가에서 피흘려 죽으시고 부활의 소망을 주신 복음의 길이다. 그리스도의 복음을 믿을 때 하나님께 이르게 하는 생명의 길이 열린다. 생명을 지켜주는 햇빛과 공기는 무엇을 주고도 얻을 수 없는 고귀한 것이지만 하나님이 거저 주신 선물인 것처럼, 영원한 생명도 무엇을 지불하고 사거나 얻을 수 있는 것이 아니다. 구원은 오직 믿음으로 받는 하나님의 선물이다.(엡 2:8,9)

만약 구원을 얻기 위해 나의 행위가 조금이라도 더해진다면 구원은 하나님의 선물이 될 수 없으며 하나님의 은혜가 될 수 없다. 선물은 대가가 들어가지 않는다. 어떤 행위로 구원을 받게 된다면 자기를 높이고 자랑하게 되며 또한 그 행위를 하지 않거나 할 수 없는 상황이 되면 구원도 잃게 된다. 그러므로 영원한 생명을 얻음은 오직 하나님의 은혜로 얻는 선물이다.(롬 3:20 롬 11:6)

아담의 죄로 인하여 인간은 나면서부터 죄의 본성을 지니고 태어난 본질상 진노의 자녀이다. 하나님의 은혜로 예수님을 믿음으로 영혼은 구원받으나 육신은 죄악된 세상에서 살아가는 동안 여전히 시험받고 죄를 지을 수밖에 없는 존재이다. 이러한 인간의 본성을 알기에 하나님은 구원을 선물로 주셨다. 인간의 의로는 그리스도의 의의 수준에 이를 수 없기 때문이다.

하나님의 의의 수준에 이르지 못하는 인류를 위해 예수님의 보혈의 희생으로 믿음만으로 구원받는 길을 열어주셨다. 본질적으로 죄의 본성을 가진 인간이 모든 율법을 항상 지켜야만 구원을 이룰 수 있다면 하나님을 원망도 할 것이나, 구원 얻음을 쉽게 해주셨기에 하나님의 크신 사랑과 은혜에 감사할 뿐이다.

> "무릇 율법 행위에 속한 자들은 저주 아래에 있나니 기록된 바 누구든지 율법 책에 기록된 대로 모든 일을 항상 행하지 아니하는 자는 저주 아래에 있는 자라 하였음이라 또 하나님 앞에서 아무도 율법으로 말미암아 의롭게 되지 못할 것이 분명하니 이는 의인은 믿음으로 살리라 하였음이라" – 갈 3:10,11 (롬 3:10~12)

공의의 하나님은 먼지 같은 죄가 있어도 벌을 주어야 한다.

그러나 한편 하나님은 사랑이시다. 큰 죄라도 자신의 죄를 시인하고 회개하고 돌아올 때 용서하며 모든 사람이 구원받기를 바라시며 기다려 주신다.

벌레 같은 인간이 무엇에도 비할 수 없는 구원을 받는 이유는 큰 희생이 있었기 때문이다. 창조주 하나님이 사람의 몸을 입고 자신이 만든 세상에 와서 고난과 수치를 당하며 십자가에 못 박혀 죽어주시는 보혈의 큰 사랑이 있었기 때문이다.

사도 바울은 신약성경 여러 곳에서 구원 얻음은 무엇을 행하여 이룰 수 없으며, 믿음으로 받은 구원은 누구도 빼앗을 수 없다고 말씀하신다. 중세(中世) 서방 교회의 행위를 통해 구원받는다는 제도에 마틴 루터(Martin Luther)는 "오직 믿음으로 구원을 얻으며 오직 말씀으로 돌아가야 한다"라며 종교 개혁을 시작했고 오늘 우리에게 이르고 있다.

복음(福音)은 좋은 소식(Good News)이며 복음은 구약시대에도, 신약시대에도 있다. 믿음만으로 구원받는 그리스도의 복음은 예수님의 십자가 사역 이후 교회 시대에 해당된다. 구원은 인간의 의로운 행위로 이룰 수 없다. 오직 주 예수님의 은혜와 믿음만으로 인간은 영원한 생명을 선물로 받는다. 구원은 믿음으로 받는 하나님의 선물이지만, 구원받은 이후 믿음의 성장을 이루어 가는 것은 하나님의 자녀로서 당연한 행위들이다.(갈 1:6~12)

## 구원은 영원한가?

예수님이 주(여호와) 하나님 되심도, 하나님이 육신을 입고 이 땅에 오심도, 나 같은 죄인을 위하여 주 예수님이 십자가에서 피 흘려 죽으심도, 죽음에서 살아나심도, 믿음으로 내 영의 거듭남도 비밀스럽고 신비한 일이다. 성경을 하나님 말씀으로 믿기에 성경에 있는 신비한 일들을 머리의 지식이 아닌 마음으로 믿고 입으로 시인하여 구원에 이른다.

하나님은 우리가 죄의 형벌을 받지 않게 하시려고 독생자 예수님을 십자가에서 피 흘리게 하셨고, 그 피(보혈)의 공로로 구원의 길을 열어주셨다. 구원을 위한 하나님의 요구는 오직 믿음 하나이다. 나의 생각과 이성을 내려놓고 하나님의 말씀을 믿을 때 하나님은 구원의 은혜를 베푸시며, 내 죄를 시인하고 회개하여 예수님을 영접할 때 영원한 생명을 선물로 주신다.

한 번 받은 구원은 왜 영원한 보장을 받게 되는가?
구원은 하나님의 은혜로 대가 없이 받은 선물이기 때문이다.
1%도 나의 행위 없이 100% 믿음으로 받은 것이므로 구원은 나
의 행위에 관계가 없으며 한 번 받은 구원은 없어질 수 없다.

(롬 10:9,10 딤전 3:16 엡 2:8 롬 3:20)

구원이 영원한 것은 예수님을 믿고 영원한 생명을 얻었기 때
문이다. 예수님을 믿는 자는 영생이 있다. 내가 받은 영생은 누
구도 하나님 손에서, 예수님 손에서 빼앗아 갈 수 없다.

"내가 그들에게 영생을 주노니 영원히 멸망하지 아니할 것이요 또 그들을 내
손에서 빼앗을 자가 없느니라 그들을 주신 내 아버지는 만물보다 크시매 아
무도 아버지 손에서 빼앗을 수 없느니라 나와 아버지는 하나이니라 하신대"

– 요 10:28~30 (요 3:16 요 3:36)

예수님을 영접하여 하나님의 자녀가 되었기 때문에 구원은
영원하다.
복음은 좋은 소식이며 기쁜 소식이다. 예수님을 영접할 때 즉
시 영생을 얻는 것이며 미래에 있을 심판은 면제된다. 진심으로
마음의 문을 열고 예수님을 영접했다면 영원한 생명을 선물로
얻은 것이므로 좋은 소식이다. 만약 구원받아 영원한 생명을 소

유했다가 실족하여 영생을 잃어버리게 된다면 기쁜 소식이 될 수 없다. 구원은 영원하므로 복음이다.

하나님과의 자녀 관계는 끊어질 수 없다.

그러나 자녀가 죄를 지으면 아버지 하나님과의 풍성한 교제는 끊어질 수 있으며 징계를 받을 수 있다. 하나님은 자녀가 잘못하면 징계를 받게 해서라도 다시 돌아오기를 바라신다. 구원은 하나님의 선물이나 구원 이후의 삶은 우리의 노력에 따라 다르므로 구원받음은 끝이 아니라 시작이다.

(요 1:12 빌 4:3 행 20:24 히 12:5~11 고후 5:10)


## 성도의 죽음 이후

성도가 죽으면 육체는 흙으로 돌아가고 그 영혼은 하나님이 계시는 하늘나라로 간다.

(고후 12:2,4 계 21:4 요 14:2)

예수님 공중 재림 시 죽은 자들이 먼저 일어난다. 그 후 살아남은 자들도 끌어 올려져 주님을 영접하고, 그리스도의 심판대에서 선악간 행한 것을 따라 그 결과 보상이 이루어진다.

(살전 4:16,17 고후 5:10 계 19:7,8 고전 3:11~15 눅 19:12~26)

하나님은 공의롭고 공평하신 재판관이시다. 성도가 죽음 이후 서게 되는 그리스도의 심판대는 예수님 믿은 이후 선한 일을 한 것과 악한 일을 한 것에 대하여 반드시 심판이 있다. 심판은 상급과 칭찬도 받지만, 수치와 징벌도 있다. 성도는 그리스도의 심판 후 어린 양의 혼인 잔치에 참여한다. 구원은 하나님의 선물이나 구원 이후의 삶은 어떻게 살았는가에 따른 평가이다. 사도 바울은 이전 일은 잊어버리고 부름의 상을 위하여 달려갔다.(빌 3:13,14)

성도가 살아생전에 예수님이 재림하시면 공중에서 주님을 영접하여 항상 주님과 함께 있게 된다.(살전 4:16,17)


## 구원의 확신

### (1) 구원받은 확신이 있어야 한다.

「구원을 확신한다」는 것은 「언제 죽음에 임하여도 내 영혼이 하늘나라에 간다는 것을 확신하는 것」이다. 예수님을 내 마음에 영접할 때 성령님은 즉시 내 안에 들어오시고 성령님은 우리가 하나님의 자녀 됨과 구원의 확신을 가지도록 해주신다.

이 확신은 나의 긍정의 생각이 아닌 하나님 말씀에 근거한 확신이다. 내가 구원받았다는 것을 아는 것은 예수님을 영접한 전·후의 변화된 삶의 모습을 보고 사람들이 알 수 있지만, 진정으로 죄의 회개를 가지고 예수님을 믿었는지는 나 자신과 나의 중심을 보시는 하나님만 알 수 있다.

구원받음의 근거로 기독교 가정에서 자란 것, 교회 출석하는 것, 신앙 활동을 하는 것, 영접 기도를 따라 한 것, 세례를 받은 것, 성찬 예식에 참여한 것, 선행과 봉사 활동, 감정적인 체험 등을 제시하며 막연히 나는 구원받았다고 생각하는 것은 완전치 않을 수 있으며 일시적인 위안일 수 있다.

구원은 너무도 신비한 영의 세계이다.
구원받음은 인간의 어떤 노력이나 행위로 얻는 것이 아닌 오직 예수님을 믿을 때 하나님이 주시는 선물이다.
구원 얻음의 근거는 성경 말씀에 두어야 한다.
예수님의 탄생, 우리 죄를 위하여 십자가에서 죽어주심, 예수님의 부활을 지식으로 아는 것이 아닌 마음으로 믿고 입으로 시인할 때 하나님은 구원을 주신다. 십자가 구속 사역은 인간의 이성을 넘어서는 것이지만 성경을 하나님의 말씀으로 믿고 말씀에 근거하여 그 말씀에 순종하고 믿을 때 하나님은 구원의 은혜를 베푸신다.(롬 10:9,10)

성경은 예수 그리스도를 믿을 때 우리 안에 영생이 있음을 증거해 주시고 우리에게 영생이 있음을 알게 하려 함이라고 말씀하신다. 우리는 예수님을 믿음으로 예수 그리스도와 하나 되고 예수 그리스도의 몸의 한 지체가 되었다.

"또 증거는 이것이니 하나님이 우리에게 영생을 주신 것과 이 생명이 그의 아들 안에 있는 그것이니라 아들이 있는 자에게는 생명이 있고 하나님의 아들이 없는 자에게는 생명이 없느니라 내가 하나님의 아들의 이름을 믿는 너희에게 이것을 쓰는 것은 너희로 하여금 너희에게 영생이 있음을 알게 하려 함이라" – 요일 5:11~13 (고전 12:12 롬 8:16 고전 15:2~4 갈 3:10)

구원의 확신은 말씀에 근거한다.

말씀에 근거한 구원의 확신을 모르면 다른 체험이나 나의 의로운 노력으로 구원의 확신을 가지려 하게 된다.

구원의 확신을 갖지 못함은 성경 말씀을 하나님의 말씀으로 온전히 믿지 못하고 신뢰하지 않기 때문이다. 성경을 부분적으로 믿는 것이 아니라 모든 성경을 하나님의 말씀으로 믿어야 한다. 믿음이 오면 믿는 것이 아니라 나의 의지로 성경의 모든 말씀을 하나님의 말씀으로 믿는 것이다. 순수한 믿음은 나의 이성과 합리를 내려놓는 것이며 이것은 겸손이다. 하나님은 겸손한 자에게 구원의 문을 열어주신다.(딛 3:5 벧전 1:23)

**(2) 삶에 변화가 있어야 한다.**

한 신자가 구원받은 것이 사실이라면 생활 속에서 분명 변화가 일어난다. 거듭난 영은 내 안에서 역사하시며 하나님의 성품을 밖으로 나타내므로 이전의 삶과 달라진다. 그 변화는 미미하고 작아도 변화를 느껴야 한다.

예수님을 믿은 후 마음에 변화가 전혀 없다면 회개의 마음 없이 지식만으로, 머리로만 믿은 것일 수 있다. 구원 이후 작은 부분에서라도 변화의 감정이 나타나지 않는다면 성경을 하나님의 말씀으로 믿고 있는지 스스로 돌아보는 시간이 필요하다.

성경을 하나님의 말씀으로 믿기로 결단할 때 하나님께서 역사하신다.

성도는 죄를 짓지 않는 자가 아니라 죄를 지을 수밖에 없는 존재임을 알고 성령님의 도움을 받아 죄를 짓지 않으려 하는 자이다. 말씀에 근거하여 하나님의 자녀가 된 성도는 내적으로 성령이 증거해주고 삶에서도 변화를 갖는다.

구원(Salvation)은 과거와 현재와 미래의 의미가 포함된 하나님과의 계속되는 상태이다. 예수님을 구원의 주님으로 믿었을 때 죄의 형벌로부터 구원받고, 죄 없는 것으로 여겨지는 칭의(Justification)가 즉시 이루어진다. 칭의와 함께 성화(Sanctification) 즉 '거룩함 가운데 자라는 일'이 시작된다.

칭의는 단숨에 이루어지나 성화는 평생 동안 이루어진다.

성화는 죄로부터 거룩한 생활을 하도록 분리되는 것이다. 사람은 죄 성을 가진 육신을 가지므로 사는 동안 완전한 성화를 이루어 죄 없는 삶을 사는 것은 불가능하다. 따라서 성도는 일상 속에서 은혜 안에서 자라고 하나님의 성품을 닮아가는 점진적 성화의 과정을 가진다.

성화를 이루기 위하여 죄를 고백하므로 성령님의 권능에 힘입어 거룩하기 위해 애를 써야 한다. 구원의 확신을 갖기 위해서는 거룩하게 살아야 구원을 이루는 것이 아니라, 구원받은 하나님의 자녀로서 거룩하게 살아야 한다.

구원은 신비이다.

이러한 비밀스러운 성경을 하나님의 말씀으로 믿을 때 하나님은 구원을 선물로 주신다. 구원받은 하나님의 자녀는 주님이 다시 오실 때까지 자신을 깨끗하게 하여 거룩함을 이루어간다.

(요 20:31 롬 8:14,15 갈 2:16 요 17:17 고후 7:1)


### (3) 삼위일체를 믿어야 한다.

구원의 확신을 위해서는 삼위일체(三位一體)를 믿어야 한다.

삼위일체는 구약의 '여호와'를 거룩한 아버지라는 의미로 '성부'라 칭하고 신약의 '예수님'의 이름을 거룩한 아들이란 의미로 '성자'라 칭한다. 그리고 '성령님'께서 존재하신다. 이 세 분을 믿는 것이 기독교의 핵심이며 이것이 '삼위일체'이다. 하나님 한 분 안에 세 분의 인격자가 있으며 그 역할은 다르다.

● 한 위는 아버지 하나님이시다.

"이는 하늘에서 증거하시는 이가 세 분이시니 아버지와 말씀과 성령이시오 이 세 분은 하나이심이라" – **요일 5:7 KJV**

● 한 위는 아들 하나님으로서 예수 그리스도이시다.

"그러나 우리에게는 한 하나님 곧 아버지가 계시니 만물이 그에게서 났고 우리도 그를 위하여 있고 또한 한 주 예수 그리스도께서 계시니 만물이 그로 말미암고 우리도 그로 말미암아 있느니라" – **고전 8:6**

● 한 위는 성령 하나님이시다.

"태초에 말씀이 계시니라 이 말씀이 하나님과 함께 계셨으니 이 말씀은 곧 하나님이시니라" – **요 1:1 (요 1:14)**

하나가 셋이며 셋이 하나다. 삼위일체는 사람의 지성으로 이해될 수 없는 신비다. 이해하여 믿는 것이 아니라 아이와 같은 마음으로 믿는 것이다. 무조건 믿자는 것이 아니라 성경 말씀을 근거하여 믿는 것이다. 여호와, 예수님, 성령님을 하나님으로 믿는 믿음을 보시고 구원을 선물로 주시는 것이다. 믿음은 말씀에 순종이며 겸손이다. 하나님은 겸손한 자에게 구원을 베푸신다.

## (4) 사람의 본질을 알아야 한다.

우리는 태어나 '나'라는 존재로 살아가지만, 자신의 본질(本質)을 잘 알지 못한다. 이는 삼위일체만큼이나 신비한 영역이다. 그러나 사람의 구조(構造)와 본성(本性)을 아는 것은 올바른 구원관과 구원의 확신을 갖기 위해 매우 중요하다.

> "여호와 하나님이 땅의 흙으로 사람을 지으시고 생기를 그 코에 불어넣으시니 사람이 생령이 되니라" – 창 2:7 (살전 5:23 히 4:12)

사람은 영(靈/ Spirit/ Pneumal), 혼(魂/ Soul/ Psyche), 몸(體/ Body/ Soma)을 가진 구조로 하나님의 형상으로 지음 받았다.

영, 혼, 몸은 서로 유기적인 관계이다. 하나님이 흙으로 사람을 지으시고 그 코에 생기를 불어넣어 하나님의 영이 들어오고 '살아있는 혼(Living Soul)'으로 육체적 생명의 탄생이 시작된다.
인류의 첫 사람 아담의 타락으로 선악과를 먹은 날 영적 생명은 죽었다. 아담의 죄로 아담 이후 모든 사람은 영이 죽은 상태로 죄의 본성을 가지고 태어나며 죄를 지을 수밖에 없는 존재가 되었다. 죄의 결과 모든 사람은 심판을 받고 불멸하는 혼은 지옥 형벌을 받는 존재가 되었다.

> "그는 허물과 죄로 죽었던 너희를 살리셨도다" – 엡 2:1

예수님을 구원의 주님으로 믿고 영접할 때 영적 생명이 탄생되며 영원한 생명을 얻고 내 혼이 구원을 얻는다. 예수님을 믿는 자의 마음에 들어오신 성령 하나님은 죽었던 영을 살리시므로 영이 거듭(重生, Bone Again)난다.

(요 3:3~6,36 롬 6:23 롬 8:21 벧전 1:23 딛 3:5)


예수님 안에 생명이 있고 예수님을 영접한 내 안에 영생(Eternal Life)이 있다. 하나님은 영이시다. 예수님을 영접하여 죽었던 영이 살아나므로 영이신 하나님과의 교제가 회복되고 하나님 자녀의 신분으로 이 땅에서 살아가게 된다.

이 땅에는 사탄의 세력이 있으므로 우리는 예수님이 오실 때까지 일생 새사람(속사람)과 옛사람(겉사람)이 싸우고 갈등하며 살아가게 된다. 성경 말씀을 심중에 심고 말씀에 순종할 때 겉사람은 낡아지나 속사람은 날로 새로워진다.(고후 4:16)

영어 'life'는 생명이며 이것은 동시에 삶을 나타낸다. 그리스도의 생명을 소유한 사람은 그리스도의 삶과 인격과 성품을 나타낸다.

### (5) 구원받은 간증이 있어야 한다.

내 죄를 알고 죄를 버리겠다는 마음으로 예수님을 영접하여 내 영이 거듭난 새로운 피조물이 되었다. 구원받은 자도 죄를 지을 수 있는 존재이다. 나의 옛 습관을 다 버리지 못하고 실족

하여도, 나의 성품의 열매가 적더라도 잘못을 하면 양심의 소리가 들려야 한다.(고후 1:12)

바울은 양심의 증거를 성경 여러 곳에서 말씀하신다. 믿기 전과 믿은 후의 변화에 대한 간증이 없다면 종교 생활을 하는 것일 수 없다. 하나님이 내 안에 계심을 믿는다면 생각과 행동에 변화를 가질 수밖에 없다. 내가 연약하여 넘어졌다면 즉시 자백을 가지며 일어나 새롭게 시작하는 자는 분명 구원받은 자이다. 내가 여전히 죄인인 존재를 알 때 주님을 더욱 의뢰할 수 있다.

주님은 이런 우리를 위하여 십자가에서 죽어주셨으며, 믿음으로 구원의 은혜를 주셨다. 하나님은 성경 말씀을 주셔서 말씀을 알아가며 하나님의 자녀로 믿음의 성장을 주시고 승리하도록 인도하여 주신다.

예수님을 진심으로 영접했다면 믿기 전과 후의 삶에 변화에 대한 간증을 갖게 된다. 구원받게 된 말씀의 근거와 변화된 삶에 대한 간증을 언제라도 할 수 있어야 한다. 내 안에 예수님이 계시면 변화는 일어나기 때문이다. 말씀에 근거한 구원받음의 분명한 간증이 없다면 어떤 행위를 통해, 체험을 통해 구원을 이루어가려 할 수 있다. 성경은 믿음 안에 있는지 확증이 없다면 버림받은 자라고 말씀하신다.

"너희는 믿음 안에 있는가 너희 자신을 시험하고 너희 자신을 확증하라 예수 그리스도께서 너희 안에 계신 줄을 너희가 스스로 알지 못하느냐 그렇지 않으면 너희는 버림 받은 자니라" – 고후 13:5 (요 1:12 갈 2:20)

## (6) 진정한 회개가 있어야 한다.

회개(悔改, Repentance)는 「어떤 일을 행하는 것에 대하여 그렇게 하지 않았어야 한다는 뉘우침으로 마음을 바꾸어 돌이키는 것」이다. 생명에 이르게 하는 회개는 지은 죄를 슬퍼하며 성령님의 인도를 받아 하나님의 뜻에 순종하며 사는 것이다. 세례(침례) 요한과 예수님은 회개와 믿음을 선포하셨다. 회개는 하나님의 뜻이며 명령이다.(눅 15:7 막 6:12)

회개 없이 구원받는 일은 불가능하다.

주님을 영접하여 구원을 얻는 회개는 일생에 한 번 일어나며 그 후에 「자신이 지은 죄를 회개하는 것」은 「자백한다」고 말한다. 믿음만으로 구원받는다는 것에 구원의 소중한 뜻이 잘못 해석되거나 이해되어서는 안 된다. 예수님을 믿는다는 의미 속에는 많은 내용이 축약되어 있다는 것을 항상 생각해야 한다. 그것은 진정한 회개가 있어야 하며 회개 없이 예수님만 믿고 구원을 얻겠다는 것은 지식적인 영접일 수 있다.(눅 24:47)

구약 율법시대의 의인이 되는 기준은 율법을 지키는 것이나 신약시대의 구원의 기준은 믿음이다. 구약에서는 살인하지 않으면 죄가 되지 않으나 신약에서는 누구를 미워하는 것도 죄이며 내면의 시기, 질투, 미움, 화냄, 교만 등 모든 것이 죄이다. 이렇듯 사람은 죄를 지을 수밖에 없는 존재이며, 죄인이기 때문에 구원받은 것이며, 완전한 율법을 죄의 본성을 지닌 인간이 온전히 지킬 수 없기에 이런 우리를 위하여 예수님께서 피 흘려 우리 죄를 위하여 죽어주시고 우리를 율법의 저주에서 구원하여 주셨다.(요일 1:8 롬 8:1 갈 4:5)

예수님 십자가 사건 이후 교회 시대의 회개는 죄지을 수밖에 없는 존재임을 인정하고 죄 된 모습 그대로 주님께 나아가 주님이 주시는 힘으로 바르게 살겠다는 의지의 고백이다. 이러한 회개의 마음으로 예수님께 나아올 때 내주하시는 성령님이 새 힘을 주시고, 나의 의지와 성령님의 도우심으로 옛사람과 싸워 이길 힘을 가진다.

병든 자에게는 의사가 필요하듯 죄인에게는 예수님이 필요하다. 예수님은 의인을 부르러 온 것이 아니라 죄인을 위하여 이 땅에 오셨다. 예수 그리스도를 영접할 때 내 안에 들어오신 성령님은 하나님의 자녀가 죄의 길에 설 때 근심하시며 자백하여 돌이키게 하신다. 성령님은 죄의 민감함을 주시나 사탄은 죄의식을 느끼지 못하도록 한다. 성도는 매 순간 말씀을 묵상하며 말씀에 순종하려는 자이다.(마 11:28 마 9:12,13 시 1:1~6)

초신자에게 성경의 많은 개명과 교훈을 다 지켜 행하라고 누구도 말하지 않는다. 예수님께서 우리의 죄 된 그 모습 그대로 다 받아주셨듯이, 교회는 예수님의 마음을 가지고 부모의 마음으로 초신자에게 기초 양육을 가르쳐 배운 말씀을 생활에 적용하도록 돕는다. 믿음의 길은 나와 성령님이 함께 말씀을 이루어 가는 여정이다.

예수님은 성전에서 기도하는 바리새인과 세리에 대한 이야기를 하셨다. 바리새인은 탐욕이나, 거짓말이나, 음란하지 아니하고 금식하고 소득의 십일조를 드렸다고 기도한 반면, 세리는 감히 하늘을 쳐다보지 못하고 가슴을 치면서 "죄인을 불쌍히 여기소서" 하며 기도하였다.

이 둘 중에 용서받고 집으로 돌아간 사람은 세리였다. 예수님은 내가 주의 말씀을 다 지켜 행하였다는 바리새인들을 향하여 자기 의를 나타내는 교만한 자라며 질책하셨다.(눅 11:11~14 마 23:27)

## 십자가 그 사랑

하나님은 태초에 사람을 지으시며 자유를 주시나 사람은 그 자유로 죄를 범한다. 죄의 결과는 사망이며 멸망이기에 죄악의 길을 걷는 사람을 위하여 계명을 주시고, 바른길에서 벗어날 때 돌아올 것을 말씀하신다. 그러나 율법을 온전히 지키지 못하는 인류를 위해 2,000여 년 전 경건치 못하고 죄지으며 하나님과 원수 되어 있는 모든 죄인들을 위하여 독생자를 세상에 보내어 구원의 길을 열어주셨다. 그리고 지금까지 기다려 주심은 모든 사람이 회개하여 구원에 이르기를 바라시기 때문이다.(롬 5:6,7 요일 4:9 벧후 3:9)

그러나 하나님의 기다려주심은 끝이 있다.

멸망을 향하는 인류를 위하여 십자가 보혈로 생명의 길을 열어 구원의 말씀을 주시며 전도와 다양한 러브레터를 보내며 오래 참고 기다려 주시나 그리하여도 말씀을 믿지 못하고 하나님의 사랑을 거절하여 십자가로 오지 않는 자는 불로 소멸시킨다.

하나님은 사랑이시나 하나님은 티끌 같은 죄도 벌해야 하고 그 대가를 주어야 하는 공의롭고 공정한 재판관이시다. 이 세상 제도도 그러한데 하물며 이 세상을 창조하신 하나님은 인간의 죄를 그저 덮어주고 무조건 용서할 수 없으시다. 성경이 말하는 죄는 살인과 강도 짓뿐 아니라 선을 행하지 않음도 죄이며, 남을 비방하고, 내면의 질투와 양심을 저버림도 죄이다.

죄 없으신 분은 오직 한 분 성령님으로 태어나신 예수님뿐이시다. 인간은 누구나 죄를 지을 수밖에 없는 존재임을 알고 그 죄의 대가는 반드시 받게 된다는 것을 알아야 한다.

그러나 사랑의 하나님은 십자가로 나올 때 누구나 차별 없는 하나님의 의를 주신다. 십자가는 인간의 죄의 대가도 지불하고 하나님의 공의도 성취할 수 있는 유일한 길이다. 누구나 십자가로 나아올 때 이 땅에서 풍성히 살아갈 뿐 아니라 죽어서 영혼이 하늘나라에 갈 수 있다. 십자가는 내 공로가 아닌 예수님의 공로로 죄 사함을 받고 하나님의 의를 얻을 수 있는 곳이다.

십자가로 나온다는 것은 내 죄를 시인하고 마음으로 회개하여 예수님께 용서를 비는 것이며 내 죄를 위해 예수님이 십자가에 못 박혀 죽으시고 부활하심을 믿고 예수님을 구세주로 내 마음에 영접하는 것이다. 이 십자가 구속 사역을 머리로 아는 것이 아니라 온전히 마음으로 믿고 입으로 시인하는 것이다. 구원을 위한 하나님의 요구는 아이와 같은 순수한 믿음 하나이다.(롬 3:19~22)

## 왜 구원을 받아야 하는가?

'인간은 생각하는 갈대'라고 말한 프랑스 철학자 블레즈 파스칼(Blaise Pascal)은 「팡세」에서 "모든 사람에게는 오직 하나님만이 채울 수 있는, 하나님만이 만드신 공간이 있다"라고 말했다. 그리고 "모든 인간은 구원받을 수 있으며 구원은 우리에게 영원한 행복을 준다"라고 말했다.

전도서 2장 8절에서 솔로몬 왕은 "전도자가 이르되 헛되고 헛되도다 모든 것이 헛되도다"라고 말했다. 모든 부귀영화를 가져도 하나님이 없다면 헛된 것이며 이 세상이 주는 행복으로는 만족을 줄 수 없으며 인간은 구원을 받고 내면에 하나님이 있어야 진정한 행복을 누릴 수 있다는 이해를 가진다. 그러면 인간은 왜 구원을 받아야 하는지 성경을 통하여 한 번 더 찾아본다.

창세기에서 하나님이 흙으로 사람을 만들고 여호와 하나님이 그 코에 생기를 불어넣어 살아있는 혼이 되는 신비한 인격체가 되었다.

최초의 사람 아담은 에덴 동산에서 무엇 하나 부족한 것이 없는 삶이었으나 하나님이 금하신 선악과를 먹음으로 그의 영은 죽고 인간은 타락하게 된다. 아담의 죄로 죽음이 오고 아담 이후의 인류는 영이 죽은 아담의 형상을 닮은 죄의 품성을 가지고 태어나고 죄를 짓게 된다. 죄의 결과는 심판을 받는 것이나 사랑의 하나님은 죄를 범한 인류의 구원을 위한 해결책을 마련해 주신다.

(창 1:26 창 2:7 요 1:1~3 창 5:3 롬 5:12 골 1:15 요 1:1~14 히 1:3 엡 2:1)

하나님의 아들 예수님은 하나님의 형상으로 태어나셨다.

하나님은 예수님의 십자가 보혈의 공로를 믿고 예수님을 영접할 때 죽었던 영을 살리셔서 하나님의 형상을 회복하게 해주셨다. 사람이 구원받아야 하는 이유는 하나님의 형상으로 회복되어 하나님의 아들이 되어야 하기 때문이다.

사람은 짐승과 다르다. 짐승은 죽으면 끝이나 하나님의 형상을 닮은 인간은 죽어도 끝이 아니다. 지금까지 오랜 세월에 걸쳐 인간은 이 사실을 이해하고 하나님께로 돌아가려고 선행, 종교 생활, 도덕적인 삶 등을 통해 애써 왔지만, 인간은 자기 노력을 통해서는 하나님께 이를 수 없다. 구원은 오직 믿음으로 얻는 하나님의 선물이다. 선물은 받고 감사하면 된다. 그 무엇으로도 살 수 없는 영원한 생명을 선물로 받기 위하여 구원을 받아야 하는 이유이다.

> "또 그 안에서 너희가 손으로 하지 아니한 할례를 받았으니 곧 육의 몸을 벗는 것이요 그리스도의 할례니라" – 골 2:11 (히 4:12 요 3:3~9 전 3:21)

하나님은 모든 사람이 구원받기를 바라시며 지금도 기다려 주신다.

하나님은 공의를 위해 독생자 아들도 피 흘려 죽게 하지만 또한 하나님의 사랑은 한이 없다. 하나님은 죄는 벌해야 하나 사랑하는 자녀들이 지옥 형벌이 아니라 하늘나라로 가기를 바라신다. 그러므로 하나님은 구원을 쉽게 받을 수 있도록 해주셨다.

새로운 삶을 살겠다는 마음으로 예수님을 영접하면 즉시 몸 안에 성령님이 들어오시고 성령님은 말씀의 칼로 세상에서 가장 정교하고 신비한 내 몸의 혼과 영과 관절과 골수를 수술하므로 육신의 죄와 분리된 영혼은 언제라도 하늘나라로 간다. 예수님을 믿음으로 내 안에서 이루어지는 하나님의 심오한 진리를 우리는 다 알 수 없다. 사람은 예수님 믿고 육신이 죄에서 벗어나기 위해 구원받아야 하는 이유이다.

하나님은 아담이 범죄 한 그때부터 다시 회개하여 돌아올 때 하나님의 자녀 삼아 하나님의 나라를 이루려는 계획을 가지셨으며 성경은 그 약속을 증명해 주신다.(갈 4:4,5 창 3:15,21)

성경은 하나님의 옛 언약(舊約, Old Testament)이며 새 언약(新約, New Testament)의 약속의 말씀이다.

사람은 우연히 진화된 것이 아닌 하나님의 뜻을 이루기 위하여 하나님께서 목적을 가지고 만드신 창조물이다. 사람은 하나님의 형상을 따라 지은 바 된 신비한 인격체이다. 내 영이 거듭나고 내 혼이 구원받으므로 이 땅에서도 진정한 행복과 풍요한 삶을 살아갈 뿐 아니라 장막을 벗은 내 영혼의 영원한 평안을 위해서도 구원받아야 한다.

# 2

# 새로운 삶의 축복

## 새로운 삶의 시작

미국 환경운동가이자 작가인 트리나 폴러스(Trina Paulus)가 쓴
「꽃들에게 희망을」에서 정처 없이 헤매던 애벌레는 털투성이의
자루에 갇혀 거꾸로 매달려 있는 늙은 애벌레의 "나비가 되려면
애벌레로 사는 것을 포기해야 한다. 나비가 되면 아름다운 날개
로 꽃들에게 사랑의 씨앗을 주며 진정한 사랑을 할 수 있다"라
는 말에 자신의 참모습을 발견한다.

애벌레로 사는 것이 진정한 삶이 아니며 진정한 자아를 찾는
길도 아니라는 사실을 깨닫고, 불안하기는 하지만 고치를 만들

어 인고의 시간을 보낸 뒤 마침내 나비로 다시 태어난다. 애벌레는 아름다운 나비로 태어나 푸른 하늘을 날며 꽃들에게 희망을 주는 새로운 삶을 살아간다는 이야기다.

예수님을 영접하고 새로운 피조물이 된 성도는 이제 완전히 새로운 삶으로 주님과 함께하는 그리스도의 몸 지체가 되었다. 이제 옛사람이 아닌 새 사람을 쫓으며 주님께 영광을 드리고, 율법의 얽매임에서 벗어나 성령님의 도우심으로 자원하여 감사와 기쁨으로 생명을 살리는 새로운 삶이 시작되었다.

그러나 사탄의 무리에서 벗어나 이제 하나님께 속하므로 믿기 전과는 다르게 사탄이 여러 모양으로 공격해 온다는 것을 알아야 한다. 이럴 때 하나님이 주시는 무기는 성령님의 검, 곧 하나님의 말씀이다. 하나님의 말씀은 적을 공격하는 검일뿐 아니라 적의 공격을 막는 방어 무기도 된다.(엡 6:17)

아직 구원의 확신이 없다면 그날이 언제이든 예수님을 진심으로 믿는 시간이 있어야 한다. 예수님을 믿을 때 내 영이 거듭나기 때문이다. 믿기 전에는 옛 성품만 있었으나 거듭난 후에는 새 성품을 가지게 되어 내 안에는 두 성품이 있게 된다. 새로운 피조물로 거듭난 후에도 새로운 삶을 살기 위해서는 옛 성품은 벗어버리고 새 사람의 옷을 입어야 한다. 새로운 삶은, 육신은 죽은 자로 여기고 새 사람을 따르려는 믿음의 여정이다.

새로운 피조물로 새 사람이 되어서 옛 성품인 탐욕, 불평, 불만 등의 옷들을 입는다면 어울리지 않는다. 새 사람은 친절, 선행, 겸손 등의 옷을 입고 용서하고 사랑하라고 말씀하신다. 우리는 옛 성품을 따르려는 본성을 가지므로 땅의 지체를 죽이고 새 사람의 옷을 입으려 기도하고 또 기도해야 한다. 새로운 피조물로 거듭난 영혼은 영적 성장이 없으면 옛 성품으로 돌아가게 되므로 성령 충만을 위해 쉬지 말고 기도하고 또 기도해야 한다.

바울 사도는 구원 이후의 새로운 삶을 많이 말씀하신다. 이는 새 성품을 통하여 하나님께 영광을 올려드리게 되기 때문이다. 새로운 삶은 옛 성품은 벗어버리고 새 성품의 옷을 입고 생명을 살리려는 삶이다.(골 3:12~14)

## 하나님 자녀의 축복

예수님을 영접하여 영이 거듭난 새로운 피조물로 하나님의 자녀가 되었다. 우리 모두는 예수님을 믿기 전에는 마귀에게 난 자이며 죄의 종이었고 공중의 권세 잡은 자를 따르던 불순종의 아들이었으며 허물과 죄로 죽었던 사람이었다.(요 8:44 엡 2:1,2)

예수님을 믿고 새 생명을 얻고 새로운 피조물이 된 우리 모두는 하나님의 자녀이며, 성령님의 인도를 받는 사람이며, 그리스도와 함께 살리심을 받은 사람이며, 선한 일을 위하여 지으심을

받은 사람이다.(갈 5:18 엡 2:3~10)

이제 우리는 그리스도 예수 안에서 새 생명을 얻고 새로운 피조물로 이전 것은 지나갔으니 새 것이 되었다. 새로운 피조물이 된 우리는 하나님의 자녀가 되는 놀라운 변화를 이루었다. 이제 우리의 마음에 작은 겨자씨 한 알이 떨어졌다. 놀라운 변화를 느끼지 못할 수도 있지만, 느낌에 관계없이 새 생명은 탄생된 것이다. 하나님의 자녀 됨은 어떤 체험이나 감정에서 오는 것이 아니라 오직 하나님의 말씀으로 얻는다. 세상을 창조하신 하나님, 모든 것을 아시고 우리의 모든 필요를 채워주시는 하나님을 아빠 아버지로 부르는 자녀 됨은 그 무엇과도 비교할 수 없는 축복이다.(롬 6:17 벧전 1:23 갈 4:6)

자녀는 자유함 속에서도 종보다 더 높은 수준의 삶을 살며 오늘 죽어도 내 영혼은 하늘나라에 간다는 분명한 확신으로 하나님의 자녀답게 살아간다. 하나님의 자녀는 처음부터 말씀을 다 지켜야 하는 사람이 아니라 하나님의 자녀들을 위한 새로운 삶의 지침서인 성경 말씀을 배워가며 그 배운 말씀을 삶 속에 나타내며 이루어 가는 사람이다. 넘어졌다면 일어나 새 날에 승리를 위해 도전하는 자이며, 누가 나를 보지 않아도 스스로 규정을 지키며 하나님의 자녀답게 살아가는 사람이다.

육신의 아버지는 위엄과 사랑을 함께 가진다.

자녀가 잘못할 때 사랑하므로 징계한다. 하나님의 은혜로 영혼육의 전인적 구원을 받았으나 우리의 육체는 일생 죄악된 이 땅에서 시험과 유혹을 받으며 실족할 수 있는 자이다. 구원받았으나 여전히 죄지을 수밖에 없는 존재임을 알 때만이 예수님께서 우리를 위해 피 흘려주신 사랑과 희생에 더욱 감사를 가지며 예수님의 도우심을 간구하게 된다.

다윗은 아들 솔로몬에게 "힘써 대장부가 돼라"라고 하였다.
대장부는 스스로 정한 일에 도전하며 하나님의 자녀답게 살고, 일생을 마친 후 하나님 앞에서 당당히 결산할 수 있는 자이다.
우리는 이미 구원을 받은 하나님의 자녀이다. 하나님의 계명 때문에, 그리스도 심판대에서의 보상 때문에, 하나님이 나를 지켜보기 때문에 순종을 가지는 것보다 구원에 감사를 가지며 자유함 속에서 내 안의 성령님을 의뢰하며 스스로 하나님의 말씀을 나타내며 살아가는 자는 멋진 삶을 사는 자이다.

하나님이 주시는 매 순간을 음미하며, 작은 나뭇잎에도 인생의 의미를 터득하며, 스치는 바람결에도 하나님의 숨결을 느끼며 살아가는 무명한 인생은 행복한 삶이다. 행복은 먼 곳이 아닌 내 마음속에 있다. 스스로 하나님의 뜻을 이루며 하나님의 영광을 위해 의미 있는 일상에 임하는 자가 진정한 축복받는 하나님의 자녀이다.

# 하나님을 나타내는 삶

태초에 하나님은 사람을 지으시고 그들에게 복을 주어 번성하여 이 땅을 정복하고 움직이는 모든 생물을 다스리는 계획을 가지셨다. 그러나 인류의 첫 사람인 아담의 타락으로 처음의 뜻을 이루지 못하였으나 사람을 사랑하시는 하나님은 범죄 한 그 때부터 멸망의 길로 갈 수밖에 없는 인류를 다시 하나님께로 돌아올 수 있도록 십자가를 통한 해결책을 주셨다.

이 땅에서 창조주 하나님의 자녀로 살아가는 것 이상, 주님의 손에 이끌리어 살아가는 것 이상의 더 큰 축복은 없다. 하나님의 자녀는 하나님과 세상을 화목케하며, 사람들의 마음속에 죽은 영을 살려 영원한 생명을 주며, 이 땅에서도 풍성한 삶으로 안내하는 직분을 받은 자이다.

"그러므로 나의 사랑하는 자들아 너희가 나 있을 때뿐 아니라 더욱 지금 나 없을 때에도 항상 복종하여 두렵고 떨림으로 너희 구원을 이루라 너희 안에서 행하시는 이는 하나님이시니 자기의 기쁘신 뜻을 위하여 너희에게 소원을 두고 행하게 하시나니" – 빌 2:12,13

사도 바울은 빌립보 지역의 성도들에게 보낸 서신에서 "구원을 이루라"라고 말씀하신다. 이 말씀에서 '구원받는 후 지속적으로 구원을 이루어가야 하는가?' '구원을 이루어가야 한다면 그 수준은 어디까지이며 언제까지일까?' 하는 질문을 가질 수 있다.

　예수님을 믿을 때 성령님은 내 안에 즉시 들어오시며 하나님의 뜻을 행하게 역사하신다. 그리고 하나님의 자녀로 내 안의 성령님의 역사하심과 나의 강력한 의지가 합하여 하나님을 나타내는 믿음의 여정이 시작된다.
　내 안에 성령님이 다 해주신다고 믿고 기도만 해서도 안 되며 나의 의지만으로 이루겠다는 것도 아니다.
　"너희 구원을 이루라"를 영어 성경에서는 "Work out your Salvation"으로 예수님을 믿음으로 성령님이 내주하시는 성도는 내 안에서 역사하시는 주님의 뜻을 밖으로 드러내어 이 땅에서 하나님의 나라를 이루어 가는 자이다.(요일 5:1,2)

　내 안에 성령님이 계심을 의식할 때 두렵고 떨림이 있다.
　이는 세상보다 크신 하나님이 계시므로 우리는 악한 세상에서도 승리할 수 있는 힘이 된다. 바울은 구원 이후 그리스도인이 어떻게 살아야 하는지에 대해 많은 교훈을 주신다. 주님 안에서 해야 할 것과 하지 말아야 할 것을 말씀하심은 구원받은 하나님의 자녀는 자녀답게 살아가며 몸을 주님께 드린다는 결단을 가져야 함을 말한다. 결단이 없으면 구원받은 자도 육신을 좇게 되며 죄를 짓게 된다. 구원받은 사람의 죄는 그리스도 심판대에서 받을 상급에 영향을 준다.(엡 5:1~4 빌 3:7,8)

예수님 재림 때 성도들은 그리스도 심판대에서 선악 간에 몸으로 행한 것에 따라 심판을 받는다. 구원은 하나님의 선물이나 구원 이후의 삶은 열심히 일한 자와 게으른 자의 보상을 달리한다. 하나님은 공평하시며 인간이 다 알 수 없는 기준으로 심판하신다. 착하고 충성된 종으로 칭찬을 받을 수도, 악하고 게으른 종으로 징계를 받을 수도 있다. 하나님은 각 사람에게 주신 재능을 어떻게 사용하였는가를 평가하신다.(고후 5:10)

진리와 생명의 말씀을 배워가며 한 걸음씩 믿음의 성장을 이루어갈 때 진정한 즐거움을 가질 수 있다. 사탄은 우리의 자유를 빼앗고 의무 속에 즐거움이 없는 종교 생활 속으로 이끄나, 주님은 성도들이 이 땅에서 풍성함과 진정한 행복을 누리며 살기를 바라시며 도우신다.


## 풍성한 오늘의 삶

### (1) 아름다운 오늘의 축복

하나님의 자녀는 성경 말씀을 하나님의 말씀으로 믿고 말씀을 배우며 그 말씀을 따르려는 자이다.

아브라함은 하나님 말씀에 순종하여 갈 바를 알지 못한 채 고향을 떠난다. 아브라함은 믿음의 여정에서 넘어지고 나약함도 있었지만, 하나님께 제단을 쌓으며 믿음의 성장을 이루어 아들을 바치라는 말씀에까지 순종하여 믿음의 조상이 되었다. 아브라함은 끝까지 순종하여 의롭다 함을 얻으나 우리는 예수님을 믿음으로 단번에 의롭게 되어 하나님의 자녀로 자유함 속에서 믿음의 여정을 살아가고 있다. 하나님을 신뢰하고 믿음의 길을 걷는 아브라함을 하나님은 보호하시고 도와주신 것처럼 하나님의 말씀을 믿고 따르는 우리에게도 하나님은 동일한 보호하심으로 인도하여 주신다.

하나님은 사도 요한과 사도 바울을 특별한 부르심으로 비밀하고 신비한 계시를 많이 주셨다. 미래에 일어날 사건들인 예수님의 공중 재림, 교회의 들리움, 믿는 사람의 그리스도 심판대, 이 땅의 7년 대환란, 예수님의 지상 재림과 천년왕국, 믿지 않는 자들의 백보좌 심판 그리고 영원한 왕국 등 이 모든 것은 신비이며 영의 세계이다.

마태복음 13장 31절은 "천지는 없어지겠으나 내 말은 없어지지 아니하리라"라고 말씀하신다. 사람은 하나님의 계획을 알 수 없다. 이번 단원에서는 성경에 기록된 말씀은 모두 이루어짐을 믿고, 구원받음의 확신 있는 삶의 바탕 위에서 하나님이 주신 아름다운 오늘에 임하는 삶의 여정을 찾는다.

풍성한 삶은 하나님이 주신 오늘을 아름답고 의미 있게 살아가는 것이다. 과거는 이미 지나간 것이며 미래는 아직 오지 않왔다. 오늘 지금 여기서 이루어 가는 풍요한 삶이 곧 미래의 보상으로 남는다. 예수 그리스도 안에서 현실에 충실하는 것이 가장 의미 있는 삶이다.

요셉은 주어진 환경에 최선을 다하며 하나님 말씀에 순종하며 살아갈 때 하나님은 그가 하는 일을 형통하게 인도하여 주셨다. 성경 말씀을 믿고 하나님의 뜻을 찾으며 따르는 자에게 하나님은 동일하게 인도하신다. 내일 주님이 오신다 하여도 우리는 오늘 주어진 일상에 최선을 다해 오늘의 신앙에 성실히 임해야 한다. 하나님이 우리 모두에게 공평히 주신 오늘을 의미 있게 보내는 것이 축복이다.

### (2) 풍성히 얻게 하심

선한 목자 되시는 예수님이 이 땅에 오신 것은 우리에게 영원한 생명을 얻게 하시고 더 풍성한 삶을 주시기 위함이다. 하나님의 인간 구원 목적도 영생을 얻게 하며 이 땅에서 하나님 나라를 이루며 풍성한 삶을 살아가기를 바라심이다.(요 10:10)
성경은 모든 일에 긍정의 마음으로 최선을 다하여 살아갈 것을 말씀하신다. 하나님은 스스로 노력하는 자를 돕는다. 목표를 정하고 실천 계획을 세워 행동해야 한다. 위대한 것은 아는 것이 아니라 행동하는 것에 있다. 하나님은 각자의 위치에서 최선을 다하는 삶을 살아갈 때 평강과 풍요의 축복을 주신다. 하나님께 기도하며 하나님이 주시는 지혜로 열심히 공부하고 최선을 다한다면 빈궁해질 수 없다.

또한 성경은 물질의 풍요가 올 때 더욱 주의하라고 말씀한다.
사람은 본질적으로 나태하고 악을 좇으려는 성향을 가지므로 풍요는 게으르고 쾌락을 좇으며 육신의 일을 도모할 수 있다. 하나님이 주신 풍요는 하나님의 영광을 위하여 사용될 때 진정한 평안을 갖게 된다. 구원받은 자도 하나님의 버림을 받고 비참히 살아갈 수 있다. 우리의 일생은 한 번뿐이며 오늘은 다시 오지 않는다는 생각은 최선을 다하는 삶에 동기를 준다.

"나는 비천에 처할 줄도 알고 풍부에 처할 줄도 알아 모든 일 곧 배부름과 배고픔과 풍부와 궁핍에도 처할 줄 아는 일체의 비결을 배웠노라" - 빌 4:12

### (3) 영혼의 자유함을 주심

풍성한 삶은 자유로운 삶이다.
나의 의지로 선택할 수 없는 속박에서는 풍성함은 없다.
'자유가 아니면 죽음을 달라!'는 인간 존엄성을 지적한 명언이다.
자유의 소중함과 함께 영혼의 자유도 소중하다. 율법 속에 있는 사람은 자유함 없이 죄책감 속에서 살아가게 된다. 열심히 종교 생활을 하지만 계명을 다 따르지 못하기 때문이다. 하나님은 죄의 종에서 하나님을 아버지라 부르는 자녀의 자유함을 주셨다.

하나님이 주신 자유를 육신의 기회로 쓰지 말아야 한다.

다시 죄의 종이 되지 않으려면 죄의 종에서 해방되었음을 알고 죄와 싸워야 한다. 구원받은 자도 양심의 자유함 없이 다시 죄의 종노릇을 할 수 있다. 자유함을 악한 데 사용할 때 주님은 징계하신다.

"그리스도께서 우리를 자유롭게 하려고 자유를 주셨으니 그러므로 굳건하게 서서 다시는 종의 멍에를 메지 말라" – 갈 5:1 (갈 5:13 벧전 2:16 갈 4:6,7 벧후 1:4)

우리는 예수님을 믿음으로 예수 그리스도 안에서 새로운 피조물로 세상의 썩어질 것을 피하여 하나님의 성품에 참여하는 은혜를 받은 자가 되었다. 이제 우리의 마음에 새 사람이 들어오므로 옛 성품과 갈등하며 일생을 마치는 날까지 믿음의 길을 걸어야 한다. 예수님을 믿음으로 영혼육의 구원을 얻으나 우리의 육신은 완전한 구속을 얻지 못하였다. 내 지체 속에 있는 새 사람은 선을 원하고 성령님께 순종하기 원하지만, 우리의 육체는 옛 습관에 따라 행하려는 본성이 있다.

사도 바울은 주님 안에서 갈등을 말씀하시며 죄의 마음이 들 때 나의 옛사람은 이미 죽은 자로 간주하고 성령님께 간구하며 말씀에 순종을 가질 것을 말씀하신다. 내 영혼이 죄와 율법에서 벗어나 영혼의 자유와 양심의 자유함으로 아버지 하나님과 함께할 때 풍성함 삶은 이루어진다.(롬 7:21~23)

### (4) 지혜로운 생활

풍성한 삶은 지혜로운 생활에서 온다. 한 번뿐인 이 땅에서의 삶에서 사람은 누구나 풍성하고 행복한 삶을 바란다. 항상 기쁘게 살아가기를 바라며 우리의 모든 것을 알고 계시는 하나님과 함께하는 것이 지혜이다.

하나님과 함께하는 삶은 말씀과 함께하는 삶이다.

하나님의 말씀은 이 땅에서 살아가는 하나님의 자녀들에게 삶에 지혜를 주시고 악한 세상에서 승리를 주신다.

성경의 시편, 잠언, 전도서는 삶에 교훈과 지혜를 준다. 하나님은 악을 멀리하고 말씀을 즐거워하며 주야로 묵상할 때 모든 일이 형통하게 하신다고 약속하셨다.

"복 있는 사람은 악인들의 꾀를 따르지 아니하며 죄인들의 길에 서지 아니하며 오만한 자들의 자리에 앉지 아니하고 오직 여호와의 율법을 즐거워하여 그의 율법을 주야로 묵상하는도다 그는 시냇가에 심은 나무가 철을 따라 열매를 맺으며 그 잎사귀가 마르지 아니함 같으니 그가 하는 모든 일이 다 형통하리로다 " – 시 1:1~3 (전 8:11~13)

하나님의 징계는 무섭다.

순종하는 자는 복을 받으나 순종치 않는 자는 불같이 멸하신다. 구원받아도 믿음을 지키지 못하면 하나님의 복을 받지 못하며 병들고 목숨마저 잃을 수 있다. 하나님의 복 속에서 살아갈 것인지, 하나님의 노여움 속에서 살아갈 것인지는 마음 쓰기에 달렸다. 구원받고 새로운 피조물로 살아가야 하는 자이면 하나님의 뜻을 알아가고 그 뜻을 이루며 살아가는 것이 지혜이다.

하나님을 경외하고 하나님께 두려움을 가지는 것은 악을 미워하는 것이다. 하나님을 두려워할 때 하나님이 기뻐하시는 일은 지향하고 하나님이 싫어하는 일은 지양한다. 이 땅에 악이 넘침은 하나님을 두려워하지 않기 때문이다. 하나님은 교만하고 악한 행실을 미워하시며 낮아지고 겸손한 자를 높이신다.

주님을 따르겠다는 마음을 가졌다면 인색하거나 억지가 아닌 자원하는 마음으로 임하는 자가 지혜로운 자이다. 하나님의 나라는 적게 심는 자는 적게 거두고 많이 심는 자는 많이 거둔다.

"여호와를 경외하는 것은 악을 미워하는 것이라 나는 교만과 거만과 악한 행실과 패역한 입을 미워하느니라" – 잠 8:13 (잠 4:12 고후 9:6)

# 3

# 그리스도인의 성장하는 생활

## 기도 생활

### (1) 기도란 무엇인가?

구원받은 하나님의 자녀에게는 아버지 되어주신 하나님과 대화할 수 있는 특권이 생겼다. 기도는 하나님의 자녀가 하나님 아버지와 대화하는 것이다. 하나님은 우리의 마음속에 성령님으로 계시며 하늘나라에도 임재하신다. 하나님은 기도를 통해 자녀들과 교제하고 싶어 하신다. 주님과의 교제는 말씀과 기도이다.

## (2) 기도는 왜 해야 하는가?

기도는 영혼의 호흡과 같이 중요하다.

기도를 통하여 하나님과 영적인 교제를 가질 수 있기 때문에 기도해야 한다. 험한 세상을 살며 문제가 있을 때 누군가와 상의할 수 있는 사람이 있다면 감사한 일이나 모든 고민과 문제들을 얘기하며 도움을 받을 수는 없다.

그러나 모든 것을 알고 계시고 모든 문제를 해결해 줄 수 있으며 모든 지혜를 가지신 신실하신 하나님께 어떤 고민과 문제 그리고 나의 감정과 필요 등 모든 것을 상의할 수 있다는 것은 축복이며 특권이다. 하나님은 기도를 통해 우리의 모든 필요를 채워주시기를 원하신다. 하나님의 자녀는 이제 사람과 상대하는 것이 아니라 어둠을 주관하는 악한 영들과 상대해야 한다.

세상은 영적 전쟁터이다.

성경은 영적 전쟁을 위해서 "전신갑주를 입으라" 말씀하신다. 기도가 없으면 전신갑주를 입을 수 없다. 기도는 영적 싸움에서 꼭 필요한 필수 무기이다. 현대인은 바쁘게 살아가지만 바쁠수록 기도해야 한다. 기도하지 않으면 세상 철학과 세상 풍조에 휩쓸려 갈 수밖에 없다.

"마귀의 간계를 능히 대적하기 위하여 하나님의 전신갑주를 입으라 우리의 씨름은 혈과 육을 상대하는 것이 아니요 통치자들과 권세들과 이 어둠의 세상 주관자들과 하늘에 있는 악의 영들을 상대함이라" – 엡 6:11,12

## (3) 어떻게 기도하는가?

**– 예수님의 이름으로 기도하자.** (요 14:13 요 15:16,17 요 16:23)

예수님의 이름으로 기도하면 하나님 아버지께 무엇을 구하든지 다 받게 해주신다. 우리는 예수님의 이름으로 은혜의 보좌 앞에 담대히 나아가 기도할 수 있다.

**– 감사함으로 기도하자.** (빌 4:6,7)

필요한 모든 것을 구할 수 있으며 기도 응답에 관계없이 구할 때 감사해야 한다. 그 기도에 즉시 응답이 있든, 없든, 기다리게 하시든, 모두가 나에게 가장 좋은 것이므로 이미 100% 받은 것이기 때문이다. 주님의 뜻으로, 감사함으로 구하였다면 하나님은 마음에 평강을 주신다.

**– 쉬지 말고 기도하자.** (살전 5:17 약 1:5)

어느 때이든 어떤 장소이든 우리의 건강, 자녀 양육, 공부, 직장 일, 대인관계 등 삶의 모든 영역에서 쉬지 말고 하나님께 알려드리고 도움을 요청하고 지혜를 주시도록 기도해야 한다. 하나님의 지혜 없이 이루려는 것은 교만이다.

**- 하나님의 뜻대로 기도하자.** (요일 5:14)

하나님은 하나님의 뜻대로 무엇이든지 구하면 들어주신다. 하나님의 뜻을 잘 알기 위해서는 성경공부를 해야 하며 하나님의 뜻을 알아가려는 마음의 열정을 가져야 한다.

**- 믿음으로 기도하자.** (히 11:6 막 11:24)

하나님이 존재하심을 믿고 하나님께 나아갈 때 보상하여 주심을 믿어야 한다. 사람을 기쁘게 하는 것은 많은 요소들이 있지만 하나님을 기쁘시게 하는 것은 믿음이다.

### (4) 무엇을 기도하는가?

기도는 나의 필요한 것의 요구를 넘어 폭넓은 의사소통과 찬양과 감사 등 많은 영역을 포함한다.

**- 찬양(Adoration)의 기도를 드리자.** (시 95:6)

하나님의 위대하심과 그 크신 사랑과 능력과 거룩하심과 은혜가 풍성하심을 경배하며 높여드리는 것이다.

**- 자백(Confession) 기도를 드리자.** (요일 1:9 시 32:5)

죄는 하나님과 사람 사이를 내며 보이지 않는 장벽을 만들고 교제를 막는다. 자백은 우리가 지은 죄를 하나님 앞에 시인하며 돌이키며 말씀에 순종하는 마음을 가지는 것이다. 자백은 나를 낮추는 것이며 겸손이다. 하나님은 겸손한 자를 축복하신다.

**− 감사(Thanksgiving)의 기도를 드리자. (엡 5:20)**

우리 기도의 결과가 어떠하든 하나님의 뜻이며 우리에게 최상이며 필요한 것이므로 감사해야 한다. 우리를 구원하여 주시고 우리를 보호하여 주시며 우리의 모든 필요를 채워주심에 감사해야 한다. 감사할 때 하나님은 더 풍성한 삶으로 인도하신다.

**− 중보(Intercession) 기도를 드리자. (딤전 2:1,2)**

남을 생각하며 남을 위해 기도드린다. 나만 생각하던 이기적이었던 내가 남을 위해 기도하고 이웃과 국가와 세계를 위해 기도의 영역을 넓혀 가는 것을 보며 하나님은 기뻐하신다.

**− 간구(Supplication) 기도를 드리자. (약 5:16 빌 4:6)**

나의 필요를 하나님께 아뢰고 도움을 요청드린다. 모든 일에 하나님의 지혜를 구해야 하며 구원과 진리를 위해서는 이루어질 때까지 지속적으로 구해야 한다.

**(5) 왜 기도의 응답을 받지 못하는가?**

응답받는 기도의 중요한 조건은 하나님의 자녀 됨이다. 하나님의 자녀일 때 아버지 되시는 하나님께 나의 모든 필요를 구할 수 있기 때문이다.

우리가 얻지 못함은 구하지 않기 때문이며 구하여도 받지 못함은 내 뜻과 내 욕심으로 구하기 때문이다. 자백하지 않은 죄, 잘못된 동기로 구한다면 하나님은 받지 않으신다. 하나님은 육신의 정욕을 위한 기도는 가증하다고 하신다. 하나님의 나라와 하나님의 의를 구할 때 하나님은 우리의 필요한 모든 것을 더하여 주신다. 우리가 할 수 없는 것은 하나님께 100% 맡기나 우리가 해야 할 일은 주님이 주시는 힘과 지혜로 우리가 해야 한다.

주 하나님은 우리에게 행할 몸을 주셨다.

움직이지 않고 기도만 한다고 해서 누가 대신해 주지 않는다. 주님은 아무것도 하지 않고 게으른 자를 도와주지 않는다. 나의 강한 의지와 내 안에서 역사하시는 성령님의 도움을 받아 힘을 얻고 정한 목표 달성을 위해 구하고 찾고 두드리며 행할 때 바람은 이루어진다. 하나님은 자녀들이 구할 때 가장 좋은 것으로 응답하시며 내 모든 두려움에서 건져주신다.

"너희는 욕심을 내어도 얻지 못하여 살인하며 시기하여도 능히 취하지 못하므로 다투고 싸우는도다 너희가 얻지 못함은 구하지 아니하기 때문이요 구하여도 받지 못함은 정욕으로 쓰려고 잘못 구하기 때문이라" – 약 4:2,3 (시 66:18 사 59:1,2 약 1:6 잠 28:9 마 6:33 신 8:1)

"구하라 그리하면 너희에게 주실 것이요 찾으라 그리하면 찾아낼 것이요 문을 두드리라 그리하면 너희에게 열릴 것이니 구하는 이마다 받을 것이요 찾는 이는 찾아낼 것이요 두드리는 이에게는 열릴 것이니라" – 마 7:7,8

## 성경공부

### (1) 믿음의 성장을 위해서는 성경공부를 해야 한다.

성경공부를 통하여 하나님의 뜻을 알게 되고 바른 삶을 살아가는 것이 무엇인지 배울 수 있으며 말씀이 우리를 깨끗하게 하고 죄를 짓지 않게 할 수 있기 때문이다.(시 119:105,106 요 15:10)

성경 말씀을 내 심중에 심어갈 때 내주하시는 성령님은 옛 성품들을 죽이고 주님의 성품을 닮게 하신다. 하나님은 구약에 나오는 모습처럼 지금은 더 이상 직접 현현하시거나 선지자를 통해 말씀하지 않으시나, 대신 누구나 확실하게 깨달을 수 있는 하나님의 말씀인 성경을 주셨다. 성경 말씀으로 하나님이 우리에게 의사를 전달해 주신다.

우리는 말씀을 듣거나 읽을 때 단순히 좋은 책이나 경전을 읽는다는 생각을 하지 말고 '지금 나에게 주시는 하나님의 음성'이라고 생각하며 받아들여야 한다. 성경은 녹화방송이 아니라 언제나 지금 눈앞에서 일어나는 생방송이다. 그 말씀을 정말로 믿고 행할 때 삶이 변화되고 진정한 행복을 누릴 수 있다.(행 20:32)

### (2) 성경을 어떻게 공부해야 할까?

성경을 공부하는 데는 참으로 다양한 방법들이 있다.

그러나 가장 좋은 방법은 출석하는 교회에서 진행하는 성경공부 과정에 참여해 하나씩 단계를 밟아가는 것이다. 매주 보는 교우들과 함께 성경공부 과정을 맡은 교사와 사역자들의 인도로 한 단계씩 과정을 따라가다 보면 조금씩 믿음의 성숙을 느낄수 있다.

우리가 다섯 손가락을 사용해 책을 잡는다면 잘 놓치지 않는 것처럼 아래의 다섯 가지 방법으로 성경을 연구하면 더욱 효과적이라고 배웠다.

**- 듣기** (롬 10:17)

대부분 처음에는 말씀을 들음으로써 하나님을 알아가기 시작한다. 예배를 드리며 듣게 되는 말씀은 우리 마음의 생각을 지적하여 변화를 주며 믿음의 성숙을 준다. 들은 말씀을 소그룹 성경공부 모임에서 풀어주어 상기한다면 말씀을 더욱 배울 수 있다. 드려지는 예배는 성경공부를 통해 얻을 수 없는 하나님의 임재와 모난 성품들을 변화시켜 주신다.

영적 성장을 올바로 도와주는 교회에서 평생 함께할 수 있다면 큰 축복이다. 정보화 시대에 SNS를 통해서도 말씀을 들을 수 있으나 초신자는 아직 영적 분별력이 부족할 수 있으므로 영적 인도자의 도움을 받으며 선별하여 들을 필요가 있다.

### - 읽기 (계 1:3)

매주 듣는 말씀과 소그룹의 공부는 방대한 성경에 비해 아주 작은 영역이다. 따라서 성경 전체를 우리 삶에 받아들이기 위해서는 따로 시간을 내어 읽는 결단이 필요하다. P(계획, plan)-D(실행, do)-C(점검, check)-A(개선, advance) Cycle을 활용하는 것도 한 방법이다.

성경 읽기는 구체적일수록 더 효과적이다. 매일 성경 어느 부분을 몇 장씩 어느 시간에 읽을 계획을 세워 실천하고 평가를 가지며 새로운 목표를 세워갈 때 바쁜 시대를 살아가는 우리는 성경 읽기를 실천할 수 있다. 목표와 계획이 없다면 평가를 가질 수 없다. 성경 통독반 등에서 그룹으로 읽기를 할 수 있으며 개인적으로 조용히 주님과의 개인 교제 가운데 지속적으로 성경을 읽을 수 있다.

### - 공부 (행 17:11 시 19:7,8)

심오한 하나님의 말씀은 듣고 읽는다고 해서 제대로 이해하기가 쉽지 않다. 그래서 교역자나 믿음의 선배들로부터, 혹은 다양한 경건 서적을 통해 공부해야 말씀의 진짜 의미를 배울 수 있다. 모든 학문이 그렇듯 성경도 스스로 공부하기 시작할 때 비로소 성장하고 성숙하기 시작한다. 그리고 공부한 내용을 이해할 뿐 아니라 생활 가운데 실천하게 된다.

개(個) 교회마다 성경공부반이 있다. 초신자는 구원을 도와주는 기초반을 거쳐 성장반, 제자반, 사역자반 등 다양한 교육 프로그램에 참여하여 성경을 공부하고 연구함으로 영적 성장을 이룬다. 교역자분들과 질문을 통하여 공부한다면 더 효과적이며 단단한 음식도 거뜬히 섭취하는 영적 성장을 이루어 갈 수 있다.

성경에는 사람이 살아가는데 필요한 생활 지침과 교양을 비롯해 인생의 모든 지혜가 담겨 있다. 무엇보다도 성경의 가장 큰 목적은 우리에게 하나님의 구원에 관한 지식을 주기 위해 쓰였다는 것을 알 수 있다.

말씀을 듣고, 읽고, 공부하는 베이직한 삶은 구원받은 하나님의 자녀의 삶을 살아가기 위함이다. 베이직한 삶에 길들여지지 않으면 옛 본성으로 돌아갈 수 있으므로 기본에 충실한 신앙생활은 생명과도 같다.

## ─ 암송 (시 119:9~11)

말씀을 외우면 성경을 읽지 않을 때도 우리의 몸과 마음에 늘 말씀이 거하는 것과 마찬가지다. 자주 가지고 다니는 물건일수록 더 자주 떠올리게 되듯이 소중한 하나님의 말씀을 되도록 많이 외우는 것은 말씀을 실천하는 삶에 반드시 필요한 부분이다.

### – 묵상 (시 1:2,3)

묵상은 하나님의 말씀을 이해할 뿐 아니라 말씀을 되새겨 삶에 적용할 수 있도록 해준다. 묵상은 우리가 듣고, 읽고, 공부한 말씀을 소화시키는 것과 같다.

기도를 하고 찬양을 하는 것도 좋지만, 말씀을 묵상하고 깊이 있게 공부하지 않으면 하나님의 뜻을 바로 알고 영적으로 성장하는데 지장이 있다. 이러한 성경공부의 목적은 단순히 아는 것에 그치지 않는다. 성경공부의 궁극적인 목적은 말씀을 알아가는 만큼 생활 속에서 적용을 가지는 것이다.

경건의 시간(Q.T.)은 말씀과 기도로 하나님과 매일 개인적으로 교제하는 시간이며 하나님의 음성을 듣고 하나님과 친숙해지며 우리가 변화되어 가는 시간이다. 토끼가 깊은 산속 옹달샘에 세수하러 왔다가 물만 먹고 간다는 동요가 있다. 그 아름다운 풍경에 도취되어 잊었을까? 우리도 살다 보면 본질과 현상을 혼돈하는 경우가 있다. 우리는 예배를 드림으로 힘을 얻고 그 말씀을 삶에 적용할 때 성숙한 신앙인이 될 수 있다.

## 믿음 생활

요한복음 17장 3절에서 하나님을 아는 것이 영생이라 하였다.

성경 말씀을 올바로 알고, 올바로 믿고, 올바로 적용을 가지는 것은 중요하다. 같은 하나님을 믿으며 하나님을 믿는 자와 전쟁을 하고 죽이고 악한 일을 저지름을 보기 때문이다. 바른 믿음은 생명을 살리고 풍요를 주지만 잘못된 믿음은 해악을 주며 멸망으로 이끈다.

그러나 하나님을 올바로 아는 것도, 바른 믿음을 알고 행함도 어려운 일이다. 우리는 처한 환경에서 믿음의 의미를 잘못 알고 오류를 가질 수 있는 자이기 때문이다. 나는 지금 바른 믿음으로 진리의 길을 걷는지 스스로를 냉철히 보아야 한다. 인생은 누구 때문에 사는 것이 아니다. 인생은 내가 선택하고 책임져야 할 나의 인생이다.(갈 1:10)

「하나님을 믿는다」는 것은 「하나님의 말씀인 성경이 영원한 진리임을 믿는 것」이다. 성경이 근거가 되고 기준이 될 때 바른 믿음을 가질 수 있다. 예수님의 구속 사역을 말씀에 있는 그대로 믿는 것이 바르게 믿는 것이다.

예수님은 인류의 모든 사람의 죄를 대신하여 죽어주셨지만 모든 사람이 구원을 얻지 못하고 있다. 예수님의 구속 사역을 사실로 믿지 않기 때문이다. 예수님 십자가의 피의 대가로 무엇에도 비할 수 없는 구원을 선물로 받은 그 은혜에 감사와 그 사랑이 동기가 될 때 예수님의 삶의 어떠하심을 배우게 되고 그 삶을 따르게 된다.

믿음은 신뢰이다.

신뢰하는 자에게 도움을 요청할 수 있고 신뢰하는 자의 부탁을 들어줄 수도 있다. 하나님을 신뢰한다는 것은 하나님의 말씀인 성경을 신뢰하는 것이다. 동일한 성경을 가지고 다른 교리가 나오고 해석이 나온다. 하나님의 뜻은 변하지 않지만, 사람들이 자기 위주로 성경을 해석하기 때문이다. 믿음은 성경 말씀이 나의 생각과 다르더라도 성경에서 하신 말씀을 믿고 순종하는 것이다.

성경은 겨자씨 같은 작은 믿음이 산을 옮길 수 있다고 하였다. 성경에서 배우고 아는 작은 것부터 믿고 순종할 때 믿음은 자란다.

성경은 믿음의 이야기다. 무조건 믿는 것이 아니라 성경 말씀을 근거하여 믿는 것이다. 믿음은 성경 말씀이 하나님 말씀이며 성경 말씀대로 이루어지며 천국과 지옥이 있으며 회개하여 예수님을 믿을 때 하늘나라에 가는 것을 믿는 것이다.

말씀은 믿을 때만이 실상이 되고 현실로 이루어진다.

보이지 않는 것을 믿는 것이 믿음이다. 천국과 지옥이 있다는 성경 말씀은 하나님의 말씀이다. 하나님 말씀은 성취되었고 모든 예언의 말씀은 이루어진다.(롬 1:17 합 2:4 히 11:1)

교회는 다양한 사람이 모인 곳이다.

교인의 부족함을 보고 하나님을 신뢰하지 않으면 안 된다. 성도는 교회에 출석하지만, 여전히 부족하고 연약한 존재이다. 하지만 하나님을 알아가며 믿음의 성장을 가지며 그리스도의 장성한 분량이 충만한 데까지 이르려는 자이다.

믿음으로 산다는 것은 하나님을 신뢰하고 성경 말씀을 순종하려는 삶이며 하나님께 내 삶을 맡기려는 것이다. 믿음으로 사는 삶은 지옥도, 천국도, 하나님도, 예수님도 보이지 않으나 믿음으로 행하는 삶이며 말씀에 순종하여 믿음의 선한 싸움에 임하는 삶이다.(고후 5:7 엡 4:13 딤전 6:12)


## 교제하는 생활

### (1) 성도와의 교제

사회성은 인간과 동물을 규정짓는 가장 큰 특징 중 하나이기 때문에 사람은 관계없이 혼자서는 온전히 살아갈 수 없다. 하나님과의 관계도 중요하지만, 사람과의 관계도 중요하다. 하나님과의 관계를 바탕으로 사람들 사이에 진리의 복음과 사랑을 전할 때 진정한 교회의 모습을 볼 수 있기 때문이다. 그렇기에 교인들과 친교의 시간을 갖고 구역 및 그룹별로 모여 진행되는 소그룹 모임에 참여하는 것이 신앙생활에 큰 도움이 된다.

건강하고 아름다운 친교는 참여하는 모든 사람에게 격려와 힘을 준다.

또한 우리들 한 사람 한 사람은 너무나 연약하기에 교제를 통해 서로 하나가 되어야 하며 교제를 통해 힘을 얻어야 한다. 성도 간의 교제는 연약한 우리를 하나님 안에 강하게 묶어주는 매개체가 된다. 특히 신앙생활을 처음 시작한 초신자들의 신앙이 바르게 자라도록 돕기 때문에 교제의 중요성은 아무리 강조해도 지나치지 않는다. 성경은 악한 동무에게 속지 말 것을 교훈한다.(잠 13:20 요일 1:7 마 18:20)

누구를 만나고 가까이하느냐는 인생에서 정말 중요하다.

사람은 속한 무리의 사람과 닮아가기 때문이다. 믿음의 형제와 함께할 때 온전한 사람이 되도록 하며 영적으로 성장하며 주님과의 관계도 깊어진다. 운동이 육체에 중요한 것처럼 교제는 건강한 영적 성장을 위해 중요한 일이다. 오늘 함께 교제하며 어울려 살아가는 과정은 우리의 삶에 즐거움을 더해준다.(히 10:24,25)

아프리카 속담에 '빨리 가려면 혼자 가고, 멀리 가려면 함께 가라'는 말이 있다.

예수님이 우리를 도우듯이 성도끼리는 서로 사랑과 선행을 격려하며 믿음의 긴 여정을 함께하며 이겨가야 한다. 그러나 교회 안에서 성도끼리만 교제를 가져서는 안 된다. 성도간 교제가 없다면 성도는 사라진다. 그러나 성도끼리만 교제를 가진다면 기독교도 사라진다. 예수님은 세상 사람들이 어떠하든 그들과 함께하며 그 속에서 사랑을 실천하라고 말씀하신다. 우리가 하나님께 받은 사랑을 다른 사람에게 전하는 것이 하나님의 뜻이다.(마 5:13~16)

### (2) 주님과의 개인 교제

건강이 최고라는 말은 자주 하기도 하고 자주 듣기도 한다.

몸이 건강해야 각자가 하고 싶은 일을 할 수 있기에 건강의 중요성은 아무리 강조해도 지나치지 않다. 만약 몸이 건강하지 못하거나 아프다면 사회생활을 잘할 수 없고 가족을 충분히 돌보지 못하게 되며 신앙생활도 영향을 받게 된다.

톨스토이는 "운동하기 위해 시간을 내십시오. 그것은 젊음을 유지하는 비결입니다"라고 했다. 체력이 받쳐주고 몸이 건강해야 모든 활동을 잘할 수 있는 것처럼 주님과의 개인적 교제도 몸의 건강처럼 중요하다.

성경은 주님과의 교제는 하나님과 예수님과 함께하는 것이며, 주님과 교제를 가질 때 우리에게 기쁨이 충만해진다고 말씀하신다. 우리가 누구와 함께하며 사귐을 가질 때 기쁨을 가지는 것에서 작은 이해를 가질 수 있다.(요일 1:3~6)

하나님은 빛이시며 어둠이 조금도 없으신 분이시다.

성경은 우리가 하나님과 교제한다고 말하며 죄의 길을 걷는 다면 거짓말을 하는 것이라고 말씀하신다. 하나님과 개인적으로 대화를 가지며 사귐을 갖는 것 이상의 축복은 없다. 내가 하나님과 개인적인 교제의 시간을 얼마나 가졌는지 돌아본다면 나의 믿음의 상태를 가늠할 수 있다.

육체의 건강을 유지하기 위해서 음식을 골고루 섭취하고 적정한 운동을 해야 하는 것처럼 주님과의 개인적인 교제를 잘하기 위해서는 말씀을 읽고 기도에 힘써야 한다. 말씀과 기도는 동전의 양면처럼 밀접한 관계이다.

음식은 육체의 양식이며 말씀은 영의 양식이다. 모든 성경은 하나님의 감동으로 기록된 것으로 삶에 교훈과 책망과 온전하게 하여 선한 일을 행할 능력을 준다. 주님을 사랑하여 스스로 성경 읽기를 매일 지속적으로 실행할 때 믿음의 기본도 단단히 다져진다.(딤후 3:16,17)

건강 유지를 위해서는 음식도 잘 섭취해야 하지만 운동도 필요하듯이 몸의 운동과 같은 주님과의 깊이 있는 개인적 기도는 건강한 믿음의 성장을 도와준다. 예수님은 새벽, 오히려 미명

에 한적한 곳을 찾아 하나님과 개인적인 기도의 시간을 가지셨다.(막 1:35)

데살로니가전서 5장 17절은 "쉬지 말고 기도하라"라고 말씀하신다.

언제 어디서든 어떤 문제도 어떤 고민도 그때그때 주님께 알려드리고 대화를 가질 때 주님은 기뻐하시며, 모든 지각에 뛰어나신 주님은 가장 좋은 길로 인도하여 주신다. 주님과의 개인 기도는 옛 습관과 육신의 정욕을 버리고 하나님의 뜻을 찾고 그 뜻을 이루려는 마음의 자세가 필요하다. 성경은 장소와 형식보다 강하게 원하는 마음으로 기도할 것을 교훈하신다.(마 6:6)

믿음 생활은 어느 특정한 시간과 장소에서 이루어지는 것이 아니라 하루 24시간 모든 시간이 믿음 생활이다. 교회에서 하나님께 경배를 드리며 맡은 직무를 감당하는 것도, 가정을 돌보며 가족과 함께하는 것도, 생계를 위한 모든 일도 주님의 일이다.

사탄은 무엇보다 하나님과 개인적으로 만나 조용한 교제의 시간을 방해한다. 사탄은 한 곳에 치우치게 하여 다른 곳을 소홀하게 하며 하나님과의 관계를 무너뜨리고 끊게 하려는 계략을 가진다. 어느 한 곳에 열심을 가질 때 많은 것을 얻는 것 같지만 우리가 받을 상급을 잃게 한다.

## 교회 생활

아직 교회에 가지 않는다면 교회를 정하여 출석하는 것이 필요하다. 교회에 나가야 복음을 듣게 되고 예수님을 영접할 기회를 얻게 되며 드려지는 예배와 성도간 교제를 통하여 성숙한 그리스도인으로 성장할 수 있기 때문이다.

인간은 어머니 태에서부터 죽음의 순간까지 사람과 사회와 자연으로부터 보호를 받는다. 이 모든 것은 하나님이 계획하신 일이다. 영적으로 어린 신자 역시 교우들의 관심 가운데 세상 악으로부터 보호받으며, 설교 말씀과 양육 과정을 통하여 믿음의 성장을 이룰 수 있다.

교회는 크고 작음, 좋고 나쁨이 있을 수 없지만, 교회를 선택하는 일은 신중해야 한다. 사람마다 성격이 다르고 성향이 다르듯이 사람들의 모임인 교회도 영적 성장에 필요한 환경과 예배가 조금씩 다르기 때문이다. 성경을 바르게 가르치는 교회를 선택하는 것은 더욱 중요하다.

(히 10:24,25 엡 4:11,12 고전 12:12~27 갈 3:27 엡 5:30 엡 1:21~23)


교회 생활을 통하여 우리를 구원하여 주신 하나님의 사랑을 더욱 알아가게 된다. 교회의 모든 부서는 몸의 지체처럼 서로 합력하여 인성과 영성을 높여 가정과 사회로 보내어 하나님의 자녀로서의 삶을 살아가도록 돕는다.

원석(原石)이 다듬어져 보석(寶石)이 되듯이 인간의 모난 성품들은 드려지는 예배와 설교를 통해 깨어지고 다듬어진다. 우리는 하나님의 교회에서 마음껏 주님을 높이여 경배 드리며 내가 결심하면 훌륭한 영적 지도자의 도움을 받으며 성경공부도 마음껏 할 수 있다. 이는 우리가 신앙의 자유를 가진 것에 감사를 가지며 나라를 위해 기도해야 하는 이유이다.

교회는 건물이 아니라 공동체로서 사람을 가르킨다. 개신교에서는 교회(敎會, Ecclesia)를 '예수 그리스도를 주(主)로 고백하고 따르는 성도들의 공동체'로 본다. 예수님이 오셔서 신약시대를 맞으며 예수님은 제자를 세우시고 십자가 사건 이후 그리스도의 복음을 받아들인 자들이 모여 교회가 시작된다.

예수 그리스도의 몸은 교회이며 그리스도의 몸에 머리는 예수님이시다. 구원받은 자는 그리스도의 몸의 한 지체가 된다. 눈에 보이지 않는 교회의 지체로서, 지역 교회의 지체로서 교회는 하나님의 나라를 이루어간다.

예수님이 승천하신 후 초대 교회는 집에서 모였다.

바울은 '집에 있는 교회'에 편지(고전 16:19 골 4:15 몬 1:2)하여 가르침을 주었으며 이 전통을 이어오던 중 A.D. 313년 로마 콘스탄틴 황제는 밀라노 칙령을 내려 교회를 위하는 마음으로 로마와 콘스탄티노플 그리고 예루살렘에 예배당 건물을 지어 교회에 봉헌했다. 이를 기점으로 교회는 집에서 건물로 들어가 웅장한 성전을 지어 예배를 드리게 된다. 지금도 다양한 크기의 교회가 있으나 하나님은 화려한 건물에도, 초라한 어떤 곳에도,

지하교회에도 예수님의 이름으로 모이는 곳에 계신다. 하나님은 그곳이 어디든 영과 진리로 예배하는 자를 기뻐하신다.

우리는 어려움 속에서 믿음을 지켜가는 중국의 가정교회의 실상을 듣는다. 또 우리가 다 알 수 없는 지구촌의 지하교회에서 주님께 예배드리는 가정교회의 소중함을 알고 있다. 몸속 세포가 튼튼해야 몸도 건강한 것처럼 하나님이 세워주신 가정이 말씀과 기도로 든든히 세워질 때 지역 교회도 발전하며 믿음의 선순환을 가진다.

(마 18:20 요 4:23 엡 4:13 롬 9:27)


교회 생활 속에서 진정한 행복을 알아가게 되며 하나님이 주시는 기쁨으로 풍성한 오늘을 살아가게 된다. 교회에서 선포되는 말씀과 성경공부를 통하여 사람은 죽음 이후 심판이 있다는 것을 상기하며 죽음을 준비하는 자세로 살아간다.

사람은 한 번 죽게 되며 죽음 이후에는 오직 주님만이 생을 마치고 떠나는 길에 영원히 함께해 주신다. 이 모든 영의 세계의 비밀한 일은 교회를 통하여 배우며 알 수 있다. 교회에서 선포되는 말씀을 듣지 못한다면 생의 분명한 목적 없이 세상 가치와 철학 그리고 세상 풍속에 따르게 되며 영적 세계를 생각할 겨를 없이 바쁘게 살아가게 된다.


성경에서 가장 중요한 계명은 하나님 사랑이고 그다음은 이웃 사랑이다. 봉사와 섬김의 모습들이 향기가 되어 사람들에게

교회에 오고 싶은 마음을 주며 예수님을 믿는 기회를 제공한
다.(막 12:28~32)


## 용서하시는 하나님

신학적으로 용서는 하나님께서 사람의 죄를 벌하지 않으시고
덮어주시는 것을 뜻한다. 죄는 형벌을 요구하지만, 하나님은 이
를 면제하신다. 신약에서의 용서는 예수 그리스도의 희생하심
으로 믿음의 은혜로 죄 용서를 받아 의로운 자로 불린다.

용서라는 말만큼 따뜻하고 사랑이 넘치는 단어는 없다.
용서는 사랑의 가장 위대한 표현이다. 우리는 하나님의 긍휼
하심으로 나의 과거와 현재 그리고 미래의 죄까지 용서받고 하
나님의 자녀가 되었다. 그러나 구원받은 하나님의 자녀도 깨어
있지 않으면 언제라도 실족할 수 있다. 그러므로 예수님께서는
기도를 가르치시며 시험에 빠지지 않고 악에서 이길 것과 용서
에 대하여 가르침을 주신다.
하나님이 우리를 용서하셨으므로 우리도 형제를 용서해야 한
다. 용서할 줄 아는 신자가 그리스도의 용서를 아는 자이다. 인
간이 용서를 실천하면 세상은 더 아름다운 곳이 된다.(롬 3:28 마
6:14,15)

사죄(赦罪)는 지은 죄나 잘못에 대하여 용서를 비는 것이다.

하나님의 자녀가 삶의 자리에서 실족하였을 때 즉시 하나님께 자백하고 돌아온다면 하나님은 용서해 주신다. 부모와 자녀 관계에서도 부모는 유독 자기 자녀에게는 관대한 면이 있다. 부모는 어린 자녀가 잘못을 했을 때 그 이유를 묻지 않고 용서할 뿐 아니라 비용이나 손해가 있어도 다 처리해 준다. 부모 입장에서 그 정도는 어렵지 않은 일이다.

초신자는 회개하여 예수님을 믿으므로 죄 용서를 받고 마음의 변화는 시작되었지만, 여전히 넘어지고 죄짓는 나약한 자신을 보며 자책감을 가질 수밖에 없다. 그것은 정도의 차이일 뿐 믿음이 오래되어도 하나님의 기준에 도달하지 못하여 넘어질 수 있다. 그것이 인간이다.

"만일 우리가 우리 죄를 자백하면 그는 미쁘시고 의로우사 우리 죄를 사하시며 우리를 모든 불의에서 깨끗하게 하실 것이요" – 요일 1:9

하나님은 이미 오래전에 이러한 우리를 위하여 죄를 자백하고 돌아올 수 있는 기회를 주셨다. 하나님은 우리가 용서를 빈다면 어떤 상황에서도 사랑하는 자녀를 포기하지 않으신다. 하나님은 내가 연약하고, 원수 되고, 죄인 되었을 때 이미 나의 죄를 용서하셨으며 지금도 돌아오기를 기다리신다.

죄의 자백은 일상의 자리에서 하나님께서 죄라고 부르시는 것을 어겼을 때 잘못을 시인하고 용서를 빌며 다시 범하지 않으려는 마음을 갖는 것이다. 우리가 자백을 가질 때 하나님께서는 우리를 용서해 주실 뿐만 아니라, 모든 죄에서 우리를 깨끗하게 해주시겠다고 약속하신다. 일상에서 말씀에 벗어났을 때 즉시 회개하고 참회의 자백을 가지며 말씀으로 돌아서려는 마음을 가져야 한다. 그리고 성령님께 다시 잘못을 하지 않으려는 결단의 기도를 가져야 한다.

나에게 죄가 있음을 인정할 때 진정한 자백이 가능하다.

죄를 미워하며 죄를 분별할 수 있는 능력을 위해 기도하며 절대 타협하지 않으려는 마음의 결단이 필요하다. 하나님은 용서하기를 즐거워하시며 인자하심이 후하신 분이시다. 우리는 그리스도 보혈의 공로로 죄 사함을 받았다. 그리스도께서 죄를 위하여 단번에 영원한 제사를 드리는 희생으로 이루셨다. 그렇기에 이미 자백한 죄로 인해 계속 죄의식을 느끼는 것은 어리석은 일이다. 우리가 하나님의 용서하심을 체험했다면 다른 사람을 용서해야 한다. 사랑하면 용서할 수 있다.

긍휼 남용, 교만, 외식, 나의 의, 정욕, 쓴 뿌리, 재물 사랑, 미워하는 태도…. 우리가 짓는 죄는 너무나 많지만, 우리가 자백할 때 우리의 연약함을 아시는 하나님은 모든 것을 용서하시고 다시 일으켜 세워주신다. 그리고 선한 행위를 할 수 있는 새로운 능력도 부여해 주신다.

(시 86:5 히 10:17 엡 4:32 히 12:15 마 23:12)

성경은 많은 곳에서 인간의 죄 성과 죄인 됨을 말씀하시며 자백과 용서에 대한 교훈을 주신다. 성도가 믿지 않는 자와 다름은 지은 죄를 하나님께 자백하고 용서받을 수 있는 것이다. 실족하였다면 지난 것을 자책하며 죄의식 속에서 살아서는 안된다.

하나님의 자녀는 매일 자신을 심판하고 평가해야 한다. 잘못이 있었다면 자백하고 돌아서서 새 날, 새로운 마음으로 하나님의 자녀답게 살아가는 것에 기대와 도전을 가질 때 건강한 신앙인으로 성장한다.

성경은 누구에게 피해를 주었거나, 원망 들을 일이 생각나면 그를 찾아 화목하는 것이 예배보다 더 중요하다는 교훈을 주신다.

"그러므로 예물을 제단에 드리려다가 거기서 네 형제에게 원망들을 만한 일이 있는 것이 생각나거든 예물을 제단 앞에 두고 먼저 가서 형제와 화목하고 그 후에 와서 예물을 드리라" – 마 5:23,24

# 4

# 승리하는 삶

## 그리스도의 좋은 군사가 되자.

**(1) 좋은 군사는 끝까지 싸워 최후 승리를 얻는 자이다.**

모든 경기는 중간에 지고 있어도 끝까지 잘 싸워 최후에 이기는 자가 승리자이다. 좋은 군사는 처음의 열정으로 끝까지 믿음을 지켜 최후 승리를 쟁취하려는 결단을 행하는 자이다.

성도는 구원받은 하나님의 자녀이나 육신을 입고 이 땅에 사는 동안은 넘어지고 실패할 수 있는 존재이며, 고난과 어려움이 닥치고 유혹이 오면 포기하고 주저앉을 수 있는 연약한 자이다. 그러나 성도는 하나님께 회개하고 돌아오는 자이며, 하나님이 주시는 새 힘으로 다시 일어나 앞으로 나아가는 자이다. 성경 속의 위인들도 넘어지고 악을 행하지만 회개하고 하나님께로 돌아올 때 하나님은 용서하시고 그를 사용해 주셨으며 용서받은 자는 더 큰 일을 하였다. 하나님은 돌아온 탕자처럼 오늘도 사랑하는 자녀들이 죄악에서 돌아오기를 기다리신다.

### (2) 좋은 군사는 얽매임이 없는 자이다.

경기에 임하는 자는 특별한 경우가 아니라면 무거운 것을 들고뛰지 않는다. 전쟁에 임하는 병사는 생활에 얽매이지 않도록 국가가 지원하므로 오직 전투에 전념할 수 있다. 매일 나 자신과, 세상과 싸워야 하는 영적 전쟁에 임하는 자는 죄의 짐을 벗어 가볍게 해야 한다. 성도는 믿음에 관계없는 일은 내려놓아 얽매임을 없도록 하는 것이 필요하다. 그리스도인은 일의 결과도 중요하지만 일의 동기와 과정도 중요하게 여겨야 한다. 그리고 좋은 군사는 모든 경기에 법대로 임해야 한다. 목적 달성을 위해 수단과 방법을 가리지 않는 것은 사탄의 일이다.

### (3) 좋은 군사는 지휘관의 명에 복종하는 자이다.

전쟁에서 승리하기 위해서는 지휘관의 명에 복종해야 한다. 전쟁터에서 지휘관의 말에 절대복종하지 못하고 오히려 불평과 불만을 갖는다면 다 죽게 된다. 이처럼 영적 전쟁터인 이 땅에서 승리를 위해서는 말씀에 순종해야 한다. 군대는 병사들에게

극한 훈련으로 어떤 위험한 상황에서도 자신을 지키고 싸워 이기는 자로 만든다. 좋은 성도는 교회의 예배시간에 선포되는 말씀과 성경공부에 참여하여 하나님의 뜻을 잘 배우고 생활에 적용하며 말씀에 순종하는 자이다. 사탄은 모든 곳에서 우리의 약점을 찾아 넘어뜨리려 한다는 사실을 늘 생각하며 사탄에게 틈을 주지 말아야 한다.

**(4) 좋은 군사는 믿음의 선한 싸움을 하는 자이다.**

사람은 싸움이나 전쟁을 원하지 않는다. 이러한 심리를 이용하여 평화를 내세우고 부요를 통해 자유를 빼앗고 진리에서 멀어지게 하기도 한다. 그러나 영적 전쟁터에서는 믿음의 선한 싸움을 해야 한다. 싸움을 위해 무기가 필요하듯 영적 전쟁은 하나님의 전신 갑옷으로 무장해야 한다. 진실의 허리띠, 의의 흉배, 평안의 복음의 신, 믿음의 방패, 구원의 투구, 성령님의 검인 하나님의 말씀을 가져야 한다. 좋은 군사는 모든 기도와 간구로 규정대로 싸워 승리해야 한다.

최우선의 영적 싸움의 대상은 자신이다. 우리는 구원받은 자이나 내 육신 안에는 여전히 죄가 있기에 늘 깨어 기도와 간구로 싸워야 한다. 그리고 세상 풍조와 가치와 싸워야 한다. 세상은 육신이 죄를 짓게 하며 하나님과 원수 되게 하기 때문이다. 예수님의 이름으로 하나님 아버지께 기도하며 말씀에 순종할 때 하나님이 지켜주신다.

(딤후 2:3~5 엡 6:11~20 갈 5:19,21 약 4:1~4 빌 4:6,7 딤전 6:3~19)


## 적을 알고 싸우는 자가 되자.

사탄(Satan)은 대단한 능력을 가진 우주의 권세자이며, 세상의 신이며, 전술에 능한 자이다. 사탄은 단순한 악의 원리가 아닌 한 인격체이다. 우리는 세상보다 더 크신 하나님과 함께할 때 우리의 적인 사탄과 싸워 능히 이길 수 있다.

사탄(마귀)에게 넘어가지 않으려면 나 자신의 약한 부분을 잘 찾아야 한다. 생각이 나지 않는다면 하나님께 나의 문제점이 무엇인지 물어야 한다. 그것은 돈일 수도 있으며 이성, 언어, 게임, 명예 등 사람마다 다를 수 있다. 이러한 것에 온통 마음이 있다면 성령님의 열매를 맺을 수 없으며 세상 철학과 풍조에 휩쓸리게 된다. 빛의 천사로 가장도 하며 세상의 권세를 가진 사탄은 인간의 약점과 인간이 좋아하는 것으로 교묘히 파고들어 결국은 멸망의 길로 가게 하며 진정한 기쁨을 갖지 못하게 한다. 이러한 사탄의 계략과 악과는 끝까지 싸워 이기겠다는 결단이 중요하다.

(벧전 5:8 엡 2:2 요일 4:4 시 119:11)


하나님을 의뢰하며 기도할 때 하나님께서 마음을 다스릴 힘도 주신다. 생활 속에서 자신과의 믿음의 약속을 지키며 말씀에 순종을 가질 때 기쁨을 가지게 되며, 매일의 삶 속에서 작은 승리들이 모여 하나님을 신뢰하는 믿음의 성장을 이룬다. 우리의 가장 약한 감정과 약점을 노리며 유혹하는 집요한 사탄의 공격을 막기 위해서는 우리의 확신이 아닌 하나님의 말씀에 대한 확신이 있어야 한다.

> "사람이 감당할 시험 밖에는 너희가 당한 것이 없나니 오직 하나님은 미쁘사 너희가 감당하지 못할 시험 당함을 허락하지 아니하시고 시험 당할 즈음에 또한 피할 길을 내사 너희로 능히 감당하게 하시느니라" – **고전 10:13**

하나님은 우리가 감당하지 못할 시험당함을 허락하지 않으시고, 감당할 수 있는 힘으로 승리하게 하신다. 우리가 유혹을 받을 때 말씀에 의지해 하나님의 승리를 믿고 행하면 하나님께서 승리를 주신다. 내 죄는 예수님의 십자가 보혈로 과거와 현재와 미래까지 완전히 해결됐기에 사탄에게 당하지 않으려면 기도와 말씀으로 무장해야 한다.

인류 최초의 사람인 아담의 마음에서 하나님이 밀려나고 죄가 자리 잡으면서 온 인류의 마음에도 물질에 대한 사랑과 이기심이 자리 잡았다. 이런 이유로 그리스도인이라고 고백을 하면서도 우리는 마음속에 있는 이기심과 물질만능주의 사상을 쫓아내기 위해 노력하고 또 노력해야 한다. 예수님께 모든 삶의

결정권을 드리는 결단을 내리지 않으면 이런 역사는 일어날 수
없다.

각 성도들이 자신을 포기하고 하나님께 드리는 결단을 내릴
때, 그런 결단을 내린 성도들이 교회에 모일 때, 하나님은 우리
가 예수님을 닮아가게 해주시며 잃어버린 하나님의 형상을 회
복하게 도와주신다.(롬 6:13~18 약 3:5,6)

요한계시록 12장에는 미카엘 천사에게 패해 땅으로 쫓겨난
사탄의 이야기가 나온다. 예수님의 십자가 사건으로 온 천하
를 꾀려는 사탄의 계략은 끝이 났지만, 한 명의 영혼이라도 타
락시키려는 사탄의 교묘한 공격은 여전히 세상에 존재한다.(계
12:7~9)

에덴 동산에서 사탄이 하와를 유혹해 타락하게 만들었던 것
처럼 지금도 사람들을 넘어뜨리기 위해 사탄은 부단히 노력하
고 있다. 사탄이 가장 심혈을 기울이는 노력은 바로 그리스도인
이 주권을 예수님께 넘기지 않고 자기가 꼭 쥐고 있게 만드는
것이다. 우리가 예수님을 믿는다고 고백하지만 '내 삶은 나의
것이며 내가 모든 것을 할 수 있고 무엇보다 사람이 가장 중요
하다'라고 믿게 만드는 것은 사탄의 전략으로 그리스도인이 가
져야 할 사상이 아니다.
사탄은 사람의 이런 심리를 교묘히 노려서 호기심을 불러일

으키고, 휴머니즘이라는 감성을 자극하고, 거짓된 지성을 가르쳐 하나님의 법을 어기게 만든다. 에덴 동산에서 하와에게 썼던 전략과 지금 시대의 사탄의 전략은 일맥상통한다. 우리가 보기에 보암직도 하고 먹음직도 한 것들은 죄를 짓게 만드는 것이다.

성령님의 도우심과 성경 말씀을 기준으로 우리가 보기에 좋아 보이는 것들도 예수님이 아니라고 하시면 과감히 밀어내고 그 결정권을 예수님께 드려야 한다. 사탄은 세상의 모든 악한 세력의 우두머리이며 하나님이 행하고자 하는 선을 방해하고 막는 것을 최우선 과제로 삼는다. 사탄은 사람들을 유인하여 죄를 짓게 하고 사람에게 고통을 주는 육신적, 도덕적 죄의 창시자이며 각종 재난과 죽음까지도 가져오는 악한 성향을 만드는 장본인이다.(눅 22:31)

루시퍼는 사탄이 타락하기 전의 이름이다.
타락하기 전의 루시퍼는 하나님의 근위병이었으며 대단한 능력을 가진 우주의 권세자였으나 그의 마음속에 창조주와 같이 되려는 교만이 그를 타락으로 이끌었다. 사람이 창조되기 전 천사들의 일부가 루시퍼와 함께 하나님을 대적하고 타락하여 마귀들이 되었다.

사탄은 지금도 끊임없는 노력을 기울여 영혼들을 멸하고 있으며 사람의 형편과 상태에 따라 여러 계략과 전술을 사용하여 자기의 일을 관철시키기 위해 악한 자와 선한 자로, 심지어 광명의 천사로 가장하여 우리를 유혹하여 넘어지게 한다. 그러나 예수님의 십자가 보혈의 공로로 사탄은 패하였다. 우리는 사탄의 존재를 잘 알고 예수님의 이름으로 나아갈 때 승리의 삶을 살아갈 수 있다.

(계 12:9 요 8:44 요 10:10 고후 11:14,15)


사탄의 술꽤와 그 능력은 높다.

사탄은 인간의 약점과 강점까지도 이용하여 그 목적을 달성한다. 사탄은 인간이 가장 바라고 좋아하는 것으로 다가와 결국은 하나님과 멀어지게 하며 멸망으로 인도한다. 사탄은 하나님의 자녀 된 자를 뺏어 갈 수 없다. 차선책으로 하나님의 자녀 된 자들을 교만하게 하고, 미혹하여 하나님의 뜻을 찾지 못하게 하며 하나님의 뜻을 이루지 못하도록 방해한다. 나 스스로, 나 혼자서가 아니라 세상보다 크신 하나님이 내 안에 계시므로 하나님께 의뢰하며 성령님의 도우심과 나의 의지와 함께 승리할 수 있다.

"무릇 하나님께로부터 난 자마다 세상을 이기느니라 세상을 이기는 승리는 이것이니 우리의 믿음이니라 예수께서 하나님의 아들이심을 믿는 자가 아니면 세상을 이기는 자가 누구냐" - 요일 5:4,5 (고후 4:4)

# 감사하는 자가 되자.

감사는 승리하는 삶의 기초가 된다. 삶을 마치는 날까지 믿음을 지키고 영적 승리의 삶을 위해서는 어떤 환경에서도 감사하는 긍정적인 마음이 필요하다. 나에게 기쁨이 없고 감사가 없다면 하나님 말씀과 멀어져 있는 것이며 내 안에 죄가 있는 것이다. 하나님 자녀의 신분으로 자유함과 즐거움 속에서 은혜 안에 강한 삶을 살 때 넉넉히 승리할 수 있다.(골 3:15~17)

데살로니가전서 5장 18절은 "범사에 감사하라"라고 말씀하신다.
모든 일에 감사하는 것은 그리스도 예수 안에서 우리 성도들을 향하신 하나님의 뜻이다. 기쁘고 좋은 일뿐만 아니라 슬프고 힘든 일에도, 사업에 실패가 있고, 병들고 죽음에 이르는 순간 등 모든 일에 감사하라고 말씀하신다. 사탄은 감사의 마음을 빼앗고 불만과 시기와 비교의 마음을 주어 서로 싸우고 미워하게 한다.

우리는 까닭 없이 이웃들에게 해악을 끼쳤다는 뉴스를 접하곤 한다. 모두가 감사하는 마음보다 불만을 가지기 때문에 발생하는 일이다.
성도의 삶이 세상 사람들과 두드러지게 달라야 하는 것이 있다면 감사하는 태도이다. 구원받은 하나님의 자녀도 험한 세상에서 불평을 가질 수 있지만, 그리스도 예수 안에서 감사해야 한다. 그것은 하나님의 뜻이기 때문이며 감사를 가질 때 결국 축복으로 돌아오기 때문이다.

성경은 예수님의 재림이 가까워오는 이 시대의 세상 모습을 디모데후서 3장 2절부터 5절에서 "사람들은 자기를 사랑하며 탐욕을 부리며 교만하며 부모에게 불순종하며 감사하지 아니하며 거룩하지 아니하며 애정이 없으며 원통함을 풀지 아니하며 거짓 고소하며 절제하지 못하며 사나우며 선한 자들을 멸시하며 배신하며 조급하며 자만하며 하나님을 사랑하기보다 쾌락들을 더 사랑하며 하나님 성품의 모양은 있으나 그것의 능력은 부인한다"라며 이런 자들에게서 돌아서라고 말씀하신다. 이러한 감정이 우리에게 들어올 때 옛 성품들을 죽이고 성령님께 순종해야 한다.

살며 감사해야 할 조건은 너무나 많다.
바쁜 삶 속에서 보지 못하고 느끼지 못할 뿐이다. 하나님의 긍휼이 없다면 내가 지금 여기에 살아있을 수 없으며, 단잠을 자고 아침에 일어나는 것도 기적이다. 새 날을 주시며 살아갈 수 있는 햇빛과 공기, 아름다운 자연 등 이 모든 것은 나를 위한 것이다. 무엇보다도 감사해야 함은, 어찌할 수 없는 죄의 본성으로 죽어서 지옥으로 갈 수밖에 없는 우리를 믿음만으로 구원해 주셔서 내 영혼이 하늘나라에서 주님과 영원히 함께하는 것이다. 우리가 살아가는 이 땅에서 주님과 아름다운 동행을 가지며 하나님을 찬양하며 하나님께 예배드리는 풍성한 삶보다 더 큰 감사와 축복은 없다.

예수님을 믿는 모두는 그리스도의 한 지체가 되었다.
사람의 지체 중 심장이나 눈과 같이 중요한 부분도 있지만, 사실 몸의 어느 한 곳도 소중하지 않은 곳이 없다. 작은 세포 하나, 핏줄 하나만 잘못되어도 몸 전체가 아프다. 그리스도 예수 안에서 한 몸 된 성도는 지구촌 어디에 있어도 한 지체이며 무슨 일을 하여도 다 소중하다. 주님 안에 있는 것 자체만으로도 감사하며 서로 합력하여 선을 이룬다.(고전 12:21 롬 8:28)

우리에게 주어진 환경에서 어떤 선택을 하느냐 하는 것은 하나님이 우리에게 주신 소중한 자유이다. 누구도 이 소중한 자유를 빼앗을 수는 없다. 감사의 인생을 살 것인가? 불평의 인생을 살 것인가? 이는 우리가 선택하고, 그 선택의 대가는 우리 자신의 몫이다. 인간은 감사 아니면 불평하게 된다. 하지만 한 가지 불평이 백 가지 감사를 허사로 만든다는 것을 명심해야 한다.(시 50:23 약 1:2,3)

사람은 감사한 만큼 행복하게 살 수 있으며 기뻐하는 삶은 감사의 기초가 된다. 수많은 화학물질을 생성하는 뇌는 인체에서 가장 신비한 곳이다. 운동을 하거나 기뻐하면 뇌에서 엔도르핀이 분비된다. 웃으면 기분이 좋아지는 이유이다. 기쁘고 행복할 때 사람들은 복음에 끌려들어 온다. 예수님을 통해 하나님과의 관계를 회복한 인생은 즐거워야 하며, 우리가 살아가는 일상의 생활은 감사와 즐거움이 되어야 한다. 모든 것이 하나님이 주신 선물이기 때문이다. 햇빛과 공기를 주시고 아름다운 세상에서 호흡하며 살아갈 수 있도록 생명을 주심은 하나님의 은혜이다. 지금 어려움이 있어도, 풍요하지 않아도 감사를 가져야 한다. 범사에 감사하라는 하나님의 뜻이다.

신앙의 시간이 더해지며, 주님의 뜻이 무엇이며, 주님이 기뻐하시는 것이 무엇인지 고민하는 시기가 온다. 나를 위해 살 때는 내가 좋아하는 일을 하면 그만이었지만 하나님을 믿고 난 뒤에는 이야기가 다르다. 내 인생을 하나님께 맡겼고, 목적이 하나님의 영광이 되었기 때문에 이제는 내가 아닌 하나님이 바라시고, 원하시는 일이 무엇인지를 알아야만 한다. 내 것이라고 내 마음대로 하는 것이 아님은 모두가 주님이 주신 것이기 때문이다.

성도는 예수님 재림 시 그리스도의 심판대 앞에 서게 된다.

그때 우리가 받게 되는 평가의 요소는 일상 속에서 기뻐하였나, 감사하였나, 기도하였나, 겸손하였나 등 마음을 정하면 누구나 할 수 있는 것들이다. 하나님은 하나님이 주신 오늘을 풍요히 살아가기를 바라신다.

하나님은 사람을 하나님의 형상대로 지으셨지만, 아담의 죄로 영이 죽고 아담 이후 인류는 하나님의 형상을 잃어버린 자가 되었다. 하나님은 예수님을 보내주셔서 예수님을 믿을 때 죽었던 영이 살아나게 함으로 하나님의 형상을 다시 회복시키셨다. 아담의 불순종으로 기쁨을 잃은 인류에게 예수님을 믿음으로 기쁨을 회복시켜 주셨다. 예수님이 이루어놓으신 구원의 공로를 매 순간 기억할 때 우리는 하나님이 주시는 참 기쁨을 누릴 수 있게 되었다.

감사와 함께 희망을 갖는 것은 승리하는 삶에 중요한 믿음의 요소이다.

희망 없이는 인생도 없다. 죽음이 찾아오기 전까지 모든 인간에게는 내일이 다시 찾아온다는 희망이 있다. 과거에 어려움과 실패가 있었더라도 새롭게 출발할 수 있다는 희망이 있으면 다시 일어설 수 있다. 희망이 있으면 목표가 생기며 목표가 있으면 자연히 노력하는 사람이 된다. 때가 되면 반드시 좋아진다는 낙관적인 생각, 내일은 반드시 좋아질 거라는 희망은 지금의 어떤 어려움도 견디게 한다.(사 41:10 골 1:10)

## 여호와를 의뢰하는 자가 되자.

이 세상은 영적 전쟁터이다. 험한 세상에서 승리하며 인생의 바른길을 지도 받기 위해서는 여호와 하나님을 신뢰하고 내 명철을 의지하지 말고 모든 일에서 하나님을 인정해야 한다. 우리를 지으시고 우리를 가장 잘 아시는 창조주 하나님을 아버지라 부르며 하나님의 인도를 받으며 살아가는 것은 가장 큰 축복이다.

"너는 마음을 다하여 여호와를 신뢰하고 네 명철을 의지하지 말라 너는 범사에 그를 인정하라 그리하면 네 길을 지도하시리라" – 잠 3:5,6

성경에는 하나님을 의지하며 살아가는 사람과 자기 명철과 고집대로 살아가는 사람들의 이야기가 함께 나와 있다. 여호와를 의뢰하는 것은 나의 장래의 계획과 일의 결과 모두를 하나님께 맡긴다는 뜻이다. 똑똑하고 현명한 사람이 미래를 예측할 수 있을지는 모르지만, 미래를 명확히 볼 수는 없다. 미래를 아는 가장 확실한 방법은 우리의 앞길을 알고 계시는 하나님께 의뢰하며 하나님의 뜻대로 행하고자 순종하는 것이다. 그래서 성경은 사람을 양에 비유하기도 한다. 하나님은 우리와 동행하시며 우리를 인도하여 주시는 목자이시다.

하나님은 사랑하는 자녀들이 이 땅에서 승리하기를 바라시며 가야 할 길을 가르쳐 보이기를 원하신다. 우리 모두를 향한 분명한 계획을 가지고 계시기 때문이다. 하나님의 뜻을 발견하기 위해서는 세상의 가치와 흐름을 따르지 말고 마음을 새롭게 하여 변화를 받는 단계를 밟아야 한다. 하나님의 뜻은 선하시고,

기뻐하시고, 온전하시며 하나님을 의뢰하는 자에게 복을 약속하셨다. 말씀과 기도 그리고 성령님의 도우심으로 우리의 속사람은 강건하게 변화되어 간다. 하나님은 사람과 권력을 따르느라 하나님께로부터 마음이 떠난 사람을 경고하신다. 예수님도 결정을 내리실 때 하나님의 뜻을 따르셨다.

(시 23:1,2 시 32:8 렘 17:5 요 6:38,39)

우리는 삶의 모든 영역 즉 돈과 시간, 직업, 결혼 등 모든 영역에서 주님께 주도권을 드리고 모든 일에 주님을 인정해야 한다. 하나님은 하나님의 뜻을 분별할 수 있도록 말씀을 주시고 성령님을 보내주셨다. 우리는 이해할 수 없는 상황 가운데서도 지혜를 달라고 하나님께 기도해야 한다. 하나님께서 약속을 이루시기 전에 우리에게 필요한 것은 인내이다.

## 균형 잡힌 생활을 하자.

성경은 영적인 생활뿐 아니라 일상의 모든 자리에서 최선을 다하고 열심히 임할 것을 말씀하신다. 일반적으로 신앙 유무를 떠나 성공한 사람이나 자기 분야에서 발전을 이룬 모든 사람들은 최선을 다한 이들이다. 신앙생활이란 하나님께 할 바를 의뢰하며 이전의 삶에서 더 적극적인 자세로 새로운 삶에 도전하며 장애를 극복하며 헤쳐나가는 것이다. 성경은 각자에게 주어진

재능을 다하지 않은 자를 악하고 게으른 자라고 경고한다. 하나님은 최선을 다하면 도와주신다.

최선을 다하는 삶에는 균형 잡힌 생활이 꼭 필요하다.

앞만 보고 열심히 달리는 삶은 신체적, 정신적으로 지치게 마련이다. 믿음 생활은 일생을 마치는 날까지 자신과 갈등하며 환경과 싸워가는 긴 여정이다. 매일의 삶을 전투처럼, 팽팽한 바이올린 줄처럼 생활한다면 번아웃되고 삶의 진정한 의미를 찾을 수 없다. 휴식은 전투준비라 하였다. 사람은 휴식을 가질 때 더 열심히 임할 수 있으며 건강해야 무슨 일이든 잘할 수 있다.

출애굽기 20장 9, 10절은 엿새 동안은 힘써 일하며 일곱째 날은 사람도, 가축도 모두가 아무 일도 하지 말고 안식(쉼) 하라고 말씀하신다. 탈무드에서는 「일 년에 일주일 동안이라도, 일주일에 하루만이라도 모든 걱정과 일을 떠나 자기를 바라보는 것은 새로운 인간을 만드는 계기가 된다」라고 했다. 우리가 하는 일이 전력투구와 쉼을 통한 균형 잡힌 생활이 될 때 마음의 여유와 더 넓은 시야로 사물을 바라보게 된다.

휴식과 함께 따로 시간을 내어 적절한 운동을 하고 좋은 음식을 충분히 섭취하여 하나님이 주신 몸을 잘 관리하는 것이 필요하다. 우리 몸은 좋은 생각을 가지면 건강해지고 나쁜 생각을 가지면 쇠약하게 된다. 긍정적인 생각을 가질 때 뇌하수체에서 아드레날린 호르몬과 멜라토닌이 나와 몸의 세포를 건강하게 유지시킨다.

마음은 따뜻해도 머리는 냉철하라는 말이 있다.

생각에도 균형이 필요하다. 살면서 긍정적이고 적극적인 생각으로 결단 있게 행동해야 하지만 모든 일에 무조건 긍정적인 생각은 각별히 주의해야 한다. '사랑의 하나님이 설마 지옥에 보낼까', '선하게 살고 있으니 구원하여 주실 거야'라는 긍정의 생각은 나를 넘어지게 한다. 하나님은 법대로 심판하심을 알아야 한다.

하와는 사탄의 긍정의 말에 속았다. 믿음이 좋다는 말에 착각을 가지기보다 스스로 말씀에 비추어 견책을 가지며 참회의 마음을 가져야 한다. 약은 언제나 쓰다. 건강한 정신과 건강한 육체를 가질 때 적과 싸워 이길 수 있으며 하나님의 영광을 위하여 일할 수 있다.

"누가 철학과 헛된 속임수로 너희를 사로잡을까 주의하라 이것은 사람의 전통과 세상의 초등학문을 따름이요 그리스도를 따름이 아니니라" – 골 2:8

5

# 열매 맺는 생활

## 그리스도인의 성품

"나는 포도나무요 너희는 가지라 그가 내 안에, 내가 그 안에 거하면 사람이 열매를 많이 맺나니 나를 떠나서는 너희가 아무 것도 할 수 없음이라" - 요 15:5

요한복음 15장 5절 말씀에서 예수님은 자신을 포도나무로, 신자는 가지로 나타내신다. 가지는 나무에 붙어있어야 영양을 공급받아 성장하고 열매를 맺듯이 신자는 예수님 안에 거하며 예수님과의 끊임없는 교제를 통해 영적으로 건강히 성장하여 풍성한 열매를 맺을 수 있다. 성령님의 열매는 내 안에서 역사하시는 성령님의 도움과 열매를 맺으려는 내 마음의 열정이 합하여 성령님의 열매가 삶으로 드러나게 된다.

풍성한 성령님의 열매가 나타나기 위해서는 먼저 내 안에 거룩함, 겸손, 정직 등의 성품이 계발되어야 한다. 내면의 성품이 계발되지 않은 상태에서는 하나님과의 진정한 교제를 가질 수 없으며, 단단하고 풍성한 열매를 맺을 수 없다.

거룩함은 죄와 악으로부터 구별된 삶이다.

하나님은 "내가 거룩하니 너희도 거룩할지어다"라고 말씀하신다. 하나님은 거룩하시므로 불법, 불의, 죄악과 공존할 수 없으시다. 사랑과 공의의 하나님은 모든 것을 덮어주시는 것이 아니라 바르지 못한 것은 고치시고 책망하신다. 경건치 못한 우리가 하나님의 은혜로 구원받았으므로 이제 하나님의 자녀답게 살아가며 하나님의 성품을 닮아가려는 열망을 가져야 한다.

하나님은 원함이 없는 자에게 무엇을 거저 주시지 않으신다. 거룩함은 내가 뜻을 정하여 말씀대로 살겠다는 강한 의지로 기도하며 성령님의 도우심을 받아 이루어 간다. 내가 성별된 삶을 살 때 하나님은 힘을 주시고 열매를 주신다.(벧전 1:15,16)

겸손은 자신을 낮추는 것으로 남을 자신보다 낮게 여기는 것이다.

겸손한 자는 잘못했을 때 변명하기보다 자백하고 돌아서려는 자이며, 용서하며, 남의 말에 귀 기울여 주는 자이다. 겸손은 죄인 된 자신의 존재를 알고 사람과의 관계에서도 잘못을 시인하고 용서를 빌면 용서할 수 있어야 한다. 겸손한 자는 자신도 잘못할 수 있는 존재임을 아는 자이기 때문이다. 낮아질 때 하나님은 축복을 주시나 높아지려는 마음은 멸망의 앞잡이이다. 사탄은 사람을 교만하게 하지만 하나님은 겸손한 자를 사용하신다.(잠 18:12)

정직은 마음에 거짓 없는 솔직함이다.

성경은 죄의 길에 서지 말 것을 말씀하시나 또한 죄를 지었을 때 회개하고 돌이켜 새로운 삶을 살 것을 말씀하신다. 사람은 육신을 가지므로 죄를 지을 수 있는 존재이나 죄를 지어도 정직할 수 있다. 하나님은 많은 위인들이 실족하지만 정직히 돌이킬 때 용서하시고 다시 새 힘을 주어 사용하셨다. 정직은 정신에 자유를 준다.(신 6:18)

죄의 본성을 가진 사람은 거룩함, 겸손, 정직함 등 하나님의 성품을 가지려 하기보다 그 반대편에 있으려 하는 성향을 가진다. 때문에 자연인은 하나님과 믿는 자를 가까이하기보다 멀리하려 할 수 있다. 이러한 하나님의 성품은 오직 말씀을 듣고, 읽고, 공부함으로 이루어 갈 수 있다. 그러나 자칫 내가 이러니 다른 사람을 정죄하며 교만해질 수 있음을 경계해야 한다. 하나님의 은혜가 아니었다면 나는 더 부족한 사람이다.

같은 물을 먹지만 양은 우유를 내고 뱀은 독을 낸다. 같은 성경 말씀을 읽지만 겸손하고 낮아져 하나님께 영광을 돌릴 수 있고, 지식으로 교만하여 자기 의를 나타낼 수 있다. 하나님께서 겸손하라 하심은 높이어 쓰시기 위함이며, 하나님의 성품을 가지려 함은 성령님의 열매를 얻고 그 열매로 하나님의 나라를 이루어 가는 목적을 가진다. 이러한 바탕에서 얻게 되는 성령님의 열매로 나의 영적 상태를 점검해 볼 수 있다.

## 성령님의 열매

튼튼하고 힘 있게 자라는 포도나무에서 푸르른 가지가 생기고 탐스러운 포도송이가 열리는 것은 어디에서나 볼 수 있는 풍경이다. 농부는 봄이면 나무에 거름을 주고 부실한 가지는 끊어주고 실한 가지는 살려 더 많은 열매를 맺게 한다. 풍성한 열매를 얻으려면 가지치기가 필수이다. 이와 같이 단단하고 풍성한 성령님의 아홉 가지 열매를 얻기 위해서는 내면의 성품 계발과 함께 성령님과 반대되는 육체의 일을 끊어내야 한다.

"육체의 일은 분명하니 곧 음행과 더러운 것과 호색과 우상 숭배와 주술과 원수 맺는 것과 분쟁과 시기와 분냄과 당 짓는 것과 분열함과 이단과 투기와 술 취함과 방탕함과 또 그와 같은 것들이라 전에 너희에게 경계한 것 같이 경계하노니 이런 일을 하는 자들은 하나님의 나라를 유업으로 받지 못할 것이요"
– 갈 5:19~21

육체의 일은 내가 하는 일이며 성령님의 열매는 성령님께서 주신다. 육체의 소욕들을 죽이는 일과 함께 성령님의 아홉 가지 열매 하나하나를 잘 알고 주시도록 성령님께 기도해야 한다.

"오직 성령의 열매는 사랑과 희락과 화평과 오래 참음과 자비와 양선과 충성과 온유와 절제니 이같은 것을 금지할 법이 없느니라 그리스도 예수의 사람들은 육체와 함께 그 정욕과 탐심을 십자가에 못 박았느니라" – 갈 5:22~24

### (1) 사랑 (Love)

사랑이 없다면 아무것도 아니며 아무 유익이 없다.(고전 13:4~7)

사랑은 인내하며, 친절하며, 질투하지 않으며, 뽐내지도 않고, 교만하지 않으며, 무례하지 않으며, 이기적이거나 공격적이지 않다. 사랑은 불만을 기억하지 않으며, 다른 사람들의 실패를 기뻐하지 않는다.(요일 4:7~11 롬 13:8~10)

성령님의 열매에서 가장 첫째 되는 열매는 사랑의 열매이다.

사랑은 하나님을 사랑하는 것이며, 성경 말씀을 사랑하는 것이며, 성도를 사랑하는 것이다. 사랑은 하나님을 믿지 않는 자에게 복음을 전하여 그 영혼을 구원하여 하늘나라의 소망을 주는 것이다. 사랑의 열매가 크고 건강할 때 나머지 여덟 가지 열매도 연계되어 열릴 수 있는 기본이 된다. 예수님은 첫째 하나님을 사랑하고, 둘째 이웃을 사랑하라고 하신다. 배고픔은 잠시이나 영혼은 영원하다.

### (2) 희락 (Joy)

성도의 삶에서 나타나는 진정한 기쁨은 하나님을 알아가는 것이며, 믿지 않은 자연인에게 복음을 전하여 그가 예수님을 믿고 믿음의 성장을 이루어가는 것을 보는 것이다. 세상 학문도 배우고 익힐 때 기쁨이 있다. 그러나 성경을 연구하고 공부하는 것과는 비교되지 않는다. 성경은 시대가 아무리 흘러도 진리이며 영원하기 때문이다.

사도 바울은 당대의 모든 학문을 익힌 자이나 예수님을 만나고 예수 그리스도를 알아가는 지식이 가장 고상함이라 고백하였다. 영원하신 하나님을 알아가고 영원하신 말씀을 알아갈 때 무엇과도 비교할 수 없는 진정한 기쁨이 있다. 영원한 것만이 진정한 기쁨을 줄 수 있다.

자신이 죄인이라는 사실을 모르고 살아가는 자연인에게 복음을 전하고 그 영혼이 구원받고 하나님을 알아가며 믿음의 성장을 보는 것은 육신의 자녀를 키우는 기쁨 못지않다. 하나님 없는 풍요함이 마음의 공허함을 갖게 되는 것은 하나님을 알아가고 주님을 섬기는 데서 진정한 기쁨이 오기 때문이다. 주님의 일은 하나님께 영광을 가릴까 봐 행하기보다 하나님을 나타내기 위해 임할 때 기쁨이 더한다. 악을 대적하고 선을 위해 싸우며 생명을 살리는 일은 승리하는 삶이다. 진정한 기쁨은 승리의 결과로 얻는다.

### (3) 화평 (Peace)

화평은 히브리어 '샬롬'으로 성경 신·구약에서 400번 이상 등장한다. 우리말 성경에는 평화, 화평, 평강, 평안 등으로 번역하고 있다. 각 단어들이 주는 느낌은 평화는 국가적으로 전쟁이 없는 평온한 상태를, 평강은 대인관계의 화목한 관계를, 평안은 개인적인 안정을 의미할 때가 있다. 성령님의 열매인 화평은 이 모든 것을 포함한다.

십자군 전쟁이 계속되던 때에 평화의 사신을 보내고 눈물로 기도했던 성 프란시스(St. Francis)의 평화의 기도처럼 우리도 "미움이 있는 곳에 사랑을, 다툼이 있는 곳에 용서를, 분열이 있는 곳에 일치를 심게 하시고…"라고 기도하며 삶에서 평화를 이루어가야 한다.

모든 국가도, 모든 개인도 화평을 바라지만 진정한 평화는 이루어지지 않는다. 화평의 도시 예루살렘도 평화보다는 전쟁이 끊이지 않고 있으며, 인류 역사도 전쟁의 역사라 해도 과언이 아니다. 평화를 위해 가공할 무기를 만들고 평화를 내세우며 자유를 억압하는 자기중심적인 인간 탐욕의 평화이다.

예수님의 탄생은 이 땅의 평화를 이루는 것이나 십자가에 죽으셔야 했다. 이 땅의 진정한 평화는 예수님이 다시 오실 때 예루살렘에 평화가 오고 이 땅에도 진정한 평화를 이루어 주신다. 그럼에도 예수 그리스도 안에서 한 영이 된 우리는 모든 사람과 화목하며 하나님과 화목하게 하는 평화의 사신으로 살아야 한다. 그러면 어떻게 화평을 이룰 수 있는가?

화평을 이루기 위해서는 하나님과 화해해야 한다.
하나님과의 화해는 예수님 십자가의 보혈로 죄 사함을 받아야 한다. 그러나 이 땅의 많은 사람들은 이를 거부하고 있다. 하나님과 원수 되어 있으면 진정한 화평은 있을 수 없다. 육신의 부모와 단절되고 불화 가운데 있다면 내가 아무리 가진 것이 많아도 마음의 평화를 가질 수 없다. 그러므로 성도는 복음을 전하여 예수님을 믿고 구원받아 하나님과 화해토록 해야 한다. 하나님을 통해서만 화평과 화목과 마음의 평안을 가질 수 있다. 우리는 복음을 전하는 사명을 가지나 우리 스스로의 평안을 가져야 한다. 어떻게 마음의 평안을 얻을 수 있는가?

성경은 "아무것도 염려하지 말라. 모든 일에 하나님께 기도하라. 나의 구할 것을 감사함으로 하나님께 알려라. 그리하면 하나님의 평강이 그리스도 예수 안에서 우리의 마음과 생각을 지켜주시겠다"라고 말씀하신다. 하나님은 화평의 열매로 하나님의 나라를 이루어가기를 바라신다.

"평안을 너희에게 끼치노니 곧 나의 평안을 너희에게 주노라 내가 너희에게 주는 것은 세상이 주는 것과 같지 아니하니라 너희는 마음에 근심하지도 말고 두려워하지도 말라" - 요 14:27 (골 1:20 빌 4:6,7)

### (4) 오래 참음 (Long-suffering)

믿음을 끝까지 지키며 주님의 사역을 감당하기 위해서는 인내가 필요하다. 말씀대로 살아가고 말씀을 전하는 일에는 사탄의 공격이 따르기 때문이다. 사탄의 능력은 높다. 육신의 옛 습관과 싸워 이기기 어려운 존재이기에 공중의 권세를 가진 사탄을 이기려면 성령님의 도우심이 꼭 필요하다. 예수님을 믿고 성령님을 소유한 성도는 같은 영을 가진 자이므로 하나 되어 주님 사역을 감당해야 한다.

하나님은 오래 참는 열매를 가진 자를 찾으신다.
인내를 가지기 위해서는 기도하며 훈련이 필요하다. 하나님은 모든 사람이 구원받기를 바라며 기다려주심처럼 영원한 생명을 주기 위하여 참고 기다려주는 열매가 필요하다.(히 10:36)

### (5) 자비 (Kindness)

친절이 모든 것을 다 수용하는 것은 아니다.
불의를 보고도 친절하다면 그것은 친절이 아니다. 친절의 기준은 말씀에 있어야 한다. 주님은 죄인들과 어려운 자들에게 친절하였지만, 교만하고 악한 자에게는 거침없이 대하셨다. 하나님 말씀을 다 지켜 행한다는 교만한 바리새인들을 향하여 거칠게 질책하셨으며, 성전에서 개인의 이익을 위하는 자들에게도 거침없이 대하셨다.

거짓 친절을 베푸는 자를 경계해야 한다. 진정한 친절은 남에게 호의를 베푸는 것이며 긍휼이며 박애이며 인애이다. 친절은 세련된 웃음이나 말만이 아닌 적극적인 행함이다. 하나님의 사랑을 알 때 진실한 자비를 가질 수 있다. 하나님은 이러한 친절한 열매를 가지고 하나님을 나타내는 삶을 살 것을 바라신다.(엡 4:31,32)

## (6) 양선 (Goodness)

인간의 선함이란 언제나 한계가 있고 조건적이다. 한계가 없고 조건적이지 않은 선은 오직 성령님만이 하실 수 있다. 선한 사람은 악을 증오하고 불의를 기뻐하지 않으며 다른 사람의 유익을 위해 기꺼이 희생하는 자이다.

주님은 원수 되고 죄인 된 우리를 위하여 고귀한 희생을 해 주셨으며 그 결과 우리는 하나님의 자녀가 되는 은혜를 입은 자이다. 우리는 먼저 사랑을 받은 자이기에 선한 열매를 구하고 성령님의 도우심으로 우리의 삶에서 주님을 나타내야 한다. 주님은 이러한 열매를 가진 자에게 능력을 베푸시고 주님의 일에 써 주신다. 우리는 선한 일을 위하여 지으심을 받은 자이다.(딛 3:8 엡 2:10)

### (7) 충성 (Faithfulness)

성령님의 열매에서 믿음, 진실인 충성은 중요한 요소이다. 성도는 예수님을 믿음으로 구원을 얻고 새 생활을 하면서 믿음이 성장해 간다. 믿음이 장성한 분량으로 단단히 성장할 때 삶의 어려움도 거뜬히 넘어갈 수 있다. 하나님은 이러한 강한 믿음의 열매를 바라시며, 이러한 열매를 가진 자를 통하여 하나님의 일을 하시기 원하신다.

믿음은 성장해야 한다.
믿음의 성장은 들음에서 나며 들음은 하나님의 말씀에 있다. 마음에 열정을 가지고 말씀을 듣고, 성경을 공부할 때 믿음의 성장을 이루어 갈 수 있다. 하나님이 계신 것과 하나님이 나와 함께하심을 믿어야 한다. 보이지 않는 것을 믿는 것이 믿음이다. 눈에 보이는 것, 느낌, 체험을 통해서 믿음을 가지려는 것은 믿음이 없는 것이다. 성경 말씀에 기록된 것이면 기록된 말씀에 순종하는 믿음이 필요하다. 성령님의 열매 아홉 가지는 하나하나 마음에 열정으로 구하고 성령님의 도우심으로 삶에 나타나야 하는 열매이다.(고후 5:7)

## (8) 온유 (Meekness)

온유는 겸손함이며 따뜻하고 부드러움이다. 세상은 높아지라고 하지만 하나님은 낮아지고 겸손하고 온유한 자가 되라고 하신다. 온유는 악에 굴복하는 연약함이 아니다. 온유한 자는 하나님 말씀에 순종하고 굴복하는 자이다. 모세는 나약한 사람이 아니라 이스라엘 백성을 다스린 강한 지도자였다. 모세에게서 진정한 겸손과 온유함을 배울 수 있다. 온유한 사람은 구원을 위하여 복음을 전하는 자이며 나라와 민족을 구하는 자이다.(마 11:29 엡 4:2 민 12:3)

## (9) 절제 (Self - control)

절제는 계획하고 훈련하는 것이다.

운동선수는 승리를 위해서 늘 자신을 조절하고 절제를 한다. 하나님의 나라를 이루기 위해서는 절제의 열매가 있어야 한다. 내가 하고 싶은 것을 다하면서 하나님의 나라를 이루어 갈 수는 없다.

그리스도인은 육체와 함께 정과 욕심을 십자가에 못 박은 자이며 세속을 지배하는 어둠과 싸우는 자이다. 육신의 욕망이 들때 이미 예수님과 함께 십자가에 죽은 자로 인식하고, 육체의 일을 죽이고 성령님께 순종하는 절제의 삶을 추구해야 한다. 목표를 세우면 절제하고 결단하여 행하는 용기가 있어야 한다. 이것을 바라며 기도하는 자에게 성령님은 힘을 주시고 도와주신다.

하나님은 지식에 절제를 말씀하신다.

아는 것은 행하는 것으로 나타나야 한다. 순종과 행함이 없는 지식은 교만을 가지게 한다. 성령님의 열매를 외우고 지식적으로 알기만 한다면 오히려 교만하게 된다. 하나님이 교만한 자에게 능력을 베풀지 않으심은 교만한 자와 일할 수 없기 때문이다.(벧후 1:5~7)

내 육체의 일들을 죽이며 성령님의 열매를 맺게 하시는 분은 성령님이시다. 우리의 모든 것을 알고 우리를 도와주시려는 성령님을 잘 알 때 성령님의 도움을 더 잘 받을 수 있다.(요 16:7,8)


## 성령님 (Holy Spirit)

### (1) 성령님은 어떤 분이신가?

성령님은 성부 하나님과 성자 하나님과 동등하시다.

성령님은 하나님의 영향력이나 힘이 아니라 인격을 가진 존재이다. 하나님의 크신 사랑과 예수님이 하신 일은 하늘을 두루마리 삼고 바다를 먹물 삼아도 다 기록할 수 없다고 고백함처럼 성령님이 하시는 일 또한 동일하시다. 내 안에 성령 하나님이 계심을 알고 성령님의 도움을 받으며 살아갈 때 풍성한 삶을 살아갈 수 있다. 성령님을 아는 것은 하나님을 아는 것 그리고 예수님을 아는 것과 동일하게 중요하다.

### – 성령님은 지성(知性)이 있다. (고전 2:10)

성령님은 모든 것을 통달하시며 우리의 마음과 생각까지도 다 아신다. 모든 것을 다 아시는 성령님께 삶의 지혜를 주시고 성경 말씀을 가르쳐 달라고 기도해야 한다.

### – 성령님은 감정(感情)이 있다. (엡 4:30)

성령님은 우리가 말씀대로 살지 않을 때 근심하시며 어려움을 당하면 위로해 주신다. 육신의 자녀를 보며 근심하기도, 기뻐하기도 하는 것에서 작은 이해를 가질 수 있다. 성령님은 태초에 사람을 지을 때 함께하며 사람에게 자유의지를 주셨다. 성령님은 강압적인 힘으로 무엇을 이루려 하지 않으신다. 자유 선택을 주셨기 때문이다. 지금의 나의 행동과 생각이 성령님을 기쁘게 하는 것인지 슬프게 하는 것인지 늘 생각하는 것이 필요하다.

### – 성령님은 의지(意志)가 있다. (고전 12:11)

성령님은 성령이 원하는 일을 하신다. 하나님의 뜻이 아닌 육체의 소욕대로 행할 때 성령님은 역사하지 않으신다.

구원받은 자도 육체의 일을 따를 수 있음을 알고 육체의 일에 죽은 자로 여기고 성령님께 순종해야 한다. 성령 하나님은 우리 모두의 안에서 도와주신다. 성령님을 따를 것인지 육신을 따를 것인지는 스스로에게 달려있다. 그것은 마음의 문제이며 의지의 문제이다. 성령님께 순종을 가질 때 성령님은 우리를 승리하도록 도우신다. 우리는 살며 어려움과 위험과 많은 문제에 부딪힌다. 성령님의 도움 없이는 이 험한 세상을 힘있게 살아갈 수 없다. 내 안에 성령님이 계심과 나를 도와주심을 믿고 행할 때 두려움 없이 살아갈 수 있다.(롬 8:14,15)

### (2) 성령님은 어떻게 도우시는가?

'하늘은 스스로 돕는 자를 돕는다'는 말은 '뿌린대로 거둔다'는 말과 일맥상통한다. 중요한 것은 나의 의지이며 내가 열정을 가지고 육체의 소욕을 죽이고 성령님을 따르겠다는 마음이다. 우리 안에 계시는 성령 하나님은 우리가 다 알 수 없는 많은 사역을 하신다. 그러나 성령님은 영향력이 아니시므로 우리가 바라며 기도하는 것은 도와주시나 강제로 무엇을 행하지 않으신다.

성령님은 기도하는 자를 도우신다. 나의 모든 것을 아시는 성령님은 기도할 때 하나님의 뜻을 알려주시고 참 진리와 바른 삶을 살아갈 수 있도록 도와주신다. 성령님은 성경을 읽고 공부할 때 말씀을 깨우쳐 주시며, 영적 지도자가 가르치는 것이 진리임을 확신시켜 주신다. 예수님을 믿고 변화된 삶이라 하더라도 인간의 본성과 육체의 정욕을 이겨내기는 어렵다. 그러나 성령님 안에서 성령님의 인도하심을 따라 사는 사람은 다르다. 내가 아는 것은 없어도, 죄를 끊어 낼 의지와 힘이 없어도, 내 삶을 성령님께 맡기고 도움을 바라면 성령님이 도와주신다.

성도는 구원받은 자이나 육신 안에 죄가 있으므로 육신을 따르면 죄를 짓게 된다. 육신을 따르려는 욕망이 들 때 내 육신은 예수님과 함께 십자가에 못 박혀 죽은 자로 간주하고 말씀에 순종해야 한다. 넘어졌다면 즉시 회개하고 돌아서야 한다. 주님은 회개하는 자를 용서하신다. 성령님과 육신은 서로 반목하고 갈등하는 관계이나 성령님은 믿는 자들을 강건하게 하시고 온전하게 도우신다. 성령님을 거스르고 육신의 소욕대로 산다면 하나님과의 풍성한 교제는 없으며 하나님과의 교제가 없다면 풍요한 삶을 가질 수 없다.

(갈 5:16 요 14:26 롬 8:13 골 3:2~10 엡 3:16 엡 4:12,13)

### (3) 성령 충만은 어떻게 받는가?

우리는 살면서 선악의 선택에 갈등하지만, 무엇에 따를 것인지는 자유의지를 가진 스스로의 선택이다. 성령님에 순종할 것인지 육신을 따를 것인지도 이와 같다. 성령 충만할 때 영적 자유함으로 살아갈 수 있으며 하나님께 영광을 드릴 수 있다.

성령 충만함은 항상 기쁨을 가짐, 쉬지 않는 기도, 범사에 감사, 자족하는 마음, 성도의 모임을 즐거워함, 예배를 사모하며 하나님께 찬양 드림, 은혜의 헌금, 영혼을 사랑하여 전도의 열정을 가짐 등으로 주님께 이끌림을 받는 상태이다.

하나님께 순종하겠다는 스스로의 마음에서부터 나오는 것이 성령 충만한 상태이다. 내 마음이 확정할 때 하나님이 확정해 주시고 주님의 날개가 보호하심으로 찬송과 성령님은 샘처럼 흘러넘친다.(시 57:7)

성령 충만함을 받는 것은 하나님의 명령이다.

인간의 연약함을 아시는 하나님이 명령을 하실 때는 이룰 방법도 알려주신다. 하나님은 성경의 여러 곳에서 겸손하라고 말씀하신다. 겸손은 낮아지는 것이다. 내가 낮아지고 약함을 고백할 때 주님은 강하게 하신다.

성령 충만을 받기 위해서는 내가 낮아지고 나의 약함을 인정하고 철저히 나는 아무것도 아닌 존재임을 인정해야 한다. 자기의를 세우고 대단한 자로 여길 때 성령님은 더 이상 무엇을 해줄 수 없다.

성령 받음은 특별한 체험을 갖는 것이 아니라 구원받은 자는 누구나 성령님이 내 안에 들어와 내주하시며 영원히 함께하시겠다는 인침을 받는다. 성령님의 도움 없이는 세상 유혹과 죄를 이길 수 없는 자임을 고백하고 성령님의 도움을 요청할 때 성령 충만을 받을 수 있다.

성령님의 열매를 얻는 데는 시간이 필요하지만, 성령 충만은 내가 원하면 즉시 이루어진다. 죄란 살인하고 강도 짓만이 아니라 화냄과 교만 그리고 미움과 시기도 죄이다. 구원받는 자도 육신을 가지므로 이러한 죄를 온전히 끊을 수 없다. 중요한 건 내가 성령 충만을 원하고 기도하는 결단을 가지는가이다.

순종은 제사보다 낫다.(삼상 15:22)

바울 사도는 예수님이 십자가에 죽으실 때 나의 옛 성품도 함께 죽었으며 예수님이 부활하실 때 나도 새로운 피조물로 다시 태어남을 먼저 알아야 하고 그렇게 여기고 믿어야 한다고 말씀하신다. 그리고 내 지체를 죄에게 굴복하지 말고 성령님을 좇아 행하라고 말씀하신다.(롬 6:1~23)

한 번 술 취함은 지속되지 않음처럼 한 번 성령 충만함은 계속되지 않는다.

성령 충만을 지속하기 위해서는 육신의 생각이 들 때 성령 충만을 간구해야 한다. 성경은 특별히 탐심은 우상 숭배임을 경고한다. 탐심을 죽이고 자족하는 마음은 성령 충만의 기초가 된다. 내가 주인 되어 살 때는 내 뜻대로 살았지만, 하나님의 자녀는 하나님의 뜻을 알아가고 그 뜻을 따르며 하나님께 영광 돌리는 자이다. 성도가 성령 충만을 간구하며 성령님의 열매를 맺으려는 것은 하나님의 뜻을 이루기 위함이다.(엡 5:18 약 1:14,15)

# 하나님의 뜻

예수님도 하나님께서 주신 일을 이루어 하나님을 영화롭게 하셨으며 하나님의 뜻을 행하러 오셨다고 말씀하신다. 그러므로 주님의 뜻이 무엇인지 이해하고 행하는 자는 가장 현명한 자이다.(요 17:4 히 10:7 엡 5:17)

성경은 하나님의 자녀라면 누구나 따라야 할 하나님의 뜻을 말씀하신다. 하나님은 모든 사람이 회개하여 구원에 이르기를 원하시며 범사에 감사하며 거룩함을 이룰 것을 바라신다.

(벧후 3:9 살전 4:3~5 살전 5:16~18)

일반적으로 누구나 따라야 할 하나님의 뜻과 함께 각 사람에게 맞는 재능과 믿음의 분량에 따라 하나님의 부르심이 있다. 주님은 각 사람에게 나누어 주신 믿음의 분량대로 순종하여 그리스도의 한 지체로 합력하여 선을 이룰 것을 말씀하신다.(롬 12:4~8)

하나님은 성령님의 열매로 하나님께 나아오기를 바라신다.

성령님의 열매는 이 땅에서 풍성한 삶을 살게 하며 그리스도인들이 세상의 빛과 소금이 되어 하나님의 뜻을 이 땅에서 이루어 하나님께 영광 돌리게 한다. 성령님의 열매로 하나님의 뜻을 이루기 위해서는 하나님의 뜻을 따라 살겠다는 강한 결심과 열망이 필요하다. 내가 구할 때 하나님은 행할 능력과 지혜를 주신다.

신앙 유무를 떠나 목적을 가지고 강한 결심으로 최선을 다하여 추진할 때 바라는 바를 이룰 수 있다. 사람마다 바라는 것은 다양하다. 여기서 하나님의 자녀들이 결심하는 일은 하나님의 뜻을 이 땅에서 이루어가겠다는 결심이며 하나님께 영광 돌리는 승리의 삶을 위하여 하나님의 성품을 갖추는 결심이다.

"우리 주 예수 그리스도로 말미암아 우리에게 승리를 주시는 하나님께 감사하노니 그러므로 내 사랑하는 형제들아 견실하며 흔들리지 말고 항상 주의 일에 더욱 힘쓰는 자들이 되라 이는 너희 수고가 주 안에서 헛되지 않은 줄 앎이라" – 고전 15:57,58 (고전 10:31 갈 6:9,10)

## 신실한 청지기의 삶

"사람이 마땅히 우리를 그리스도의 일꾼이요 하나님의 비밀을 맡은 자로 여길지어다 그리고 맡은 자들에게 구할 것은 충성이니라" – 고전 4:1,2

성경은 성도들에게 그리스도의 일꾼이며, 하나님의 비밀을 맡은 청지기로 여기며, 청지기들에게 요구되는 것은 신실한 사람으로 드러나는 것이라고 말씀하신다. 하나님의 자녀라면 영혼의 자유함 속에서 우리의 사명인 그리스도의 종의 정신으로 임하는 것이 필요하다. 종은 주인의 말에 순종하는 자이며, 낮고 겸손한 자세로 주어진 일에 책임감을 가지고 성실히 수행하는 자이다.

종은 내가 지금 하는 일이 주인이 원하는 일인지 늘 생각하며 임함처럼 성도는 모든 일에서 이 일이 하나님의 뜻인지, 하나님께 영광 돌리는 것인지를 생각하고 결정하는 것이 필요하다. 하나님이 주신 성품으로 하나님의 뜻을 나타내며 하나님의 비밀을 맡은 자로 여기어 충성스럽게 임하는 것은 축복의 삶이다.

성경은 이 세상의 처음과 끝의 모든 일을 기록하고 있다.
성경이 아니면 알 수 없는 크고 비밀한 일이며 신비한 일들이다. 성경을 기록한 유대민족을 위한 하나님의 특별한 구원 계획도, 하나님이 육신이 되어 이 땅에 오심도, 벌레 같은 죄인을 위하여 죽어주심도, 모든 성도 안에 예수님이 계심도, 내 영의 거듭남과 내 혼의 구원도, 삼위일체 하나님과 천국과 지옥 등 많은 비밀한 일들이 성경에 기록되어 있다. 이는 인간의 이성으로 알 수 없는 비밀한 일들이나 성도는 성경을 하나님의 말씀으로 믿고 성경이 말씀하시는 비밀을 맡은 자이다. 하나님은 성도들에게 하나님의 비밀을 알게 하시고, 그 신비함을 알게 하는 일에 신실하고 충성된 마음으로 청지기의 삶을 살아갈 것을 말씀하신다.

그리스도의 일꾼은 주님의 말씀과 하나님의 비밀을 충성스럽게 전하는 책임을 갖는다. 알리고 전하는 것까지는 성도인 우리의 책임이다. 그것을 받아들임은 각자의 고유하고 소중한 선택의 문제이므로 받아들임은 하나님께 맡기고 기도하며 전하는 사역에 힘써야 한다.

하나님께서 그리스도의 종으로 낮은 자로 살게 하심은 크게 하시고 높이어 으뜸이 되는 축복을 주시기 위함이다. 청지기 임무를 신실히 다 섬긴 후에는 언제나 무익한 종으로 할 일을 한 것뿐이라는 태도로 겸손히 섬길 것을 말씀하신다. 나의 모든 것은 주님의 것이기 때문이다.

"이와 같이 너희도 명령 받은 것을 다 행한 후에 이르기를 우리는 무익한 종이라 우리가 하여야 할 일을 한 것뿐이라 할지니라" - 눅 17:10 (마 20:26,27)

제3장

# 성경 이야기

"너희가 성경에서 영생을 얻는 줄 생각하고
성경을 연구하거니와 이 성경이 곧 내게 대하여
증언하는 것이니라"
– 요 5:39

1

# 성경의 구성

## 성경의 권위

"또 어려서부터 성경을 알았나니 성경은 능히 너로 하여금 그리스도 예수 안에 있는 믿음으로 말미암아 구원에 이르는 지혜가 있게 하느니라 모든 성경은 하나님의 감동으로 된 것으로 교훈과 책망과 바르게 함과 의로 교육하기에 유익하니 이는 하나님의 사람으로 온전하게 하며 모든 선한 일을 행할 능력을 갖추게 하려 함이라" – **딤후 3:15~17 (시 19:7~10)**

성경(Bible)은 하나님의 감동으로 쓰인 것으로 다른 책과 구분되는 하나님의 말씀이다. 성경은 이제까지 알려진 가장 위대한 이야기이며, 하나님의 크신 사랑이자 구원의 방법을 알 수 있는 유일한 책이다. 성경은 내가 세상에 태어난 이유와 인생의 진짜 의미가 무엇인지 알게 한다. 수십 세기 이전에 쓰인 성경 말씀은 지금도 여전히 변함없는 진리이며, 하나님 말씀인 성경만이 인간의 영적 굶주림을 채워줄 수 있다. 때문에 수천 년이 지난 지금까지도 숱한 공격에도 불구하고 성경이 살아남아 있고 또한 많은 사람들을 변화시키고 있는 것이다.

성경은 B.C. 1401년 모세가 기록한 오경을 시작으로 A.D. 100년 요한계시록까지 약 1600년에 걸쳐서 나라와 직업이 다른 자들이 기록한 66권으로 예수 그리스도라는 중심인물을 나타내고 있다. 이는 성경을 쓴 절대적인 저자이신 하나님의 성령님이 쓰게 하신 것이며, 하나님의 감동으로 이루어진 것이라고밖에는 설명할 수 없다.

39권의 구약성경은 예수님이 이 땅에 오실 것을 예언하고, 27권의 신약성경은 이 땅에 오신 예수님의 가르침과 예수님의 십자가 고난, 죽음, 부활 그리고 재림의 약속을 담고 있다.

성경은 처음에는 단편적인 권들이 하나씩 읽히다가 예수님이 오시기 전은 구약, 그 후는 신약으로 묶어 지금의 성경이 되었다.

성경은 하나님의 말씀이므로 믿음과 실천에 관련된 모든 문제에 대한 최종적 권위가 된다. 예수님도 성경을 받아들이셨으며, 성경 말씀은 심판의 기준으로 사용되며, 하나님의 말씀은 영원하다고, 모든 사도와 제자들은 성경을 통해 말하고 있다. 성경에 기록된 하나님의 약속과 많은 예언들은 모두 성취되었으며 앞으로 성취될 하나님의 진리의 말씀이다. 하나님은 하나님의 말씀을 성경으로 보존시켜 모든 인류에게 영원한 생명을 얻게 하신다.

## 구약성경의 구성

구약은 대부분 히브리어로 기록되었으나 다니엘서와 에스라 몇 장은 아람어로 기록되었다. 구약성경은 모세오경, 역사서, 시와 지혜서, 예언서 네 부분이며 총 39권으로 구성된다. 창조와 족장 시대, 출애굽, 사사 시대, 통일 왕국, 분열 왕국, 바벨론 포로 시대와 회복 시대에 이르며 B.C. 400년까지의 히브리인의 역사, 시가, 예언이 기록되었다.

모세와 다윗, 솔로몬과 많은 예언자들에 의하여 문서로 기록되고 또 구전되어 오던 중 '에스라'에 의해 흩어진 많은 성스러운 문서들이 수집, 재편집되어 B.C. 200년경 지금의 모습과 비슷한 구약이 됐으며, A.D. 90년 얌니아 랍비 회의에서 지금의 구약성경 39권이 확정되었다.

## (1) 모세오경

구약성서에서 가장 먼저 정경으로 인정받았으며 구약성서의 핵심적 위치를 차지한다. 창세기, 출애굽기, 레위기, 민수기, 신명기 총 5권으로 세상 창조에서부터 긴 시대의 역사가 압축적으로 담겨 있다. 전통적으로 오경의 기록자는 모세이다.

## (2) 역사서

이스라엘 민족이 가나안 땅에 들어가 그곳에서 왕을 세우고 왕국이 분열하고 망하여 끌려가고 다시 돌아올 때까지 기원전 13세기부터 기원전 6세기까지 이스라엘 민족의 흥망성쇠와 포로 귀환의 역사가 담긴 책으로 여호수아, 사사기, 룻기, 사무엘상, 사무엘하, 열왕기상, 열왕기하, 역대상, 역대하, 에스라, 느헤미야, 에스더 12권의 전집(全集)이다.

## (3) 시와 지혜서

욥기, 시편, 잠언, 전도서, 아가서 총 5권으로 구성되며 관련된 사람들의 출생 순으로 배열된 시가 문학과 지혜서이다.

## (4) 예언서

내용 분량이 많은 것에서 적은 순으로 배열되었으며 많은 분량인 대선지서는 이사야, 예레미야, 예레미야애가, 에스겔, 다니엘 5권이며, 소선지서는 호세아, 요엘, 아모스, 오바댜, 요나, 미가, 나훔, 하박국, 스바냐, 학개, 스가랴, 말라기 12권으로 총 17

권이다.

## 신약성경의 구성

신약은 그리스어로 기록되었다. 신약성경은 예수님의 죽음과 부활 이후 20여 년은 예수님의 말씀이 구전으로 전해지며 설교로도 전파되었다. 그러다가 바울이 자기가 세운 교회들에 신앙의 교훈을 적어보내며 복음서와 일반 서신이 기록되었다. 신약성서는 고대 그리스어로 쓰였으나 원본은 남아 있지 않다. 그러나 원본을 손으로 쓴 많은 필사본으로 이어지며 A.D. 397 카르타고 교회 회의에서 지금의 신약성경 27권이 정경으로 받아들여졌다.

### (1) 복음서

마태복음, 마가복음, 누가복음, 요한복음 총 4권으로 A.D. 50년대에서 100년 사이에 나사렛 예수님 한 분의 특정한 시기와 활동이 중점적으로 기록되었다.

### (2) 교회 역사서

누가가 A.D. 65년경에 쓴 사도행전으로 예수님의 죽음과 부활 이후 예수님의 제자들이 활동한 교회의 역사 기록서이다.

## (3) 서신서

제자들의 활동 사항 중 몇 제자가 확장되어가는 기독교 공동체를 향해 권면의 말을 담은 편지들이다. A.D. 50년에서 60년대에 바울이 쓴 책은 로마서, 고린도전서, 고린도후서, 갈라디아서, 에베소서, 빌립보서, 골로새서, 데살로니가전서, 데살로니가후서, 디모데전서, 디모데후서, 디도서, 빌레몬서 13권이며, 예수님의 동생 야고보가 쓴 책은 야고보서 1권, 유다가 쓴 유다서 1권이며, 베드로가 쓴 책은 베드로전서, 베드로후서 2권, 요한이 쓴 책은 요한일서, 요한이서, 요한삼서, 요한계시록 4권이다. 저자 미상 또는 바울을 기록자로 보는 히브리서 1권으로 서신서는 총 22권이다.

# 2

# 구약성경 이야기

창세기는 사람과 온 우주의 시작에서부터 아담과 이브, 노아, 아브라함, 이삭, 야곱 그리고 이스라엘의 12지파의 족장사를 기록하고 있다. 출애굽기와 신명기, 사무엘상을 통해 모세가 그의 민족을 이집트에서 약속의 땅으로 이끌어가는 이야기와 모세에 이어 여호수아가 약속의 땅을 확장시키는 이야기가 담겨있다.

하나님은 여호수아의 뒤를 이어 군사와 정치 지도자인 사사들을 세우셨다. 기드온, 삼손, 사무엘이 다스리던 중 백성은 왕을 요구하였고 사울이 왕으로 선택되었다.

사무엘상, 열왕기상에서는 사울의 불순종으로 사무엘은 다윗을 택하여 세운다. 왕이 된 다윗은 주변국을 굴복시키고 왕국의 경계를 확장하였다. 다윗의 많은 아들 중 솔로몬이 왕위를 계승하며 하나님은 지혜를 구한 솔로몬에게 부와 명예도 주었다. 솔로몬은 화려한 궁과 성전을 건축하고 언약궤를 그곳에 두어 하늘에 계신 하나님께 예배를 드렸다. B.C. 931년 솔로몬이 죽고 그 아들이 왕위를 계승하자 북쪽 지파들은 솔로몬의 신하였던 자를 왕으로 삼았다.

북이스라엘은 19명의 왕이 재위하며 줄곧 혼란과 죄악을 행하던 중 B.C. 722년 앗수르에 사마리아성이 함락되며 왕국은 사라졌다. 반면에 대부분 다윗의 후손들인 남 유다는 20명의 선한 왕과 또 악한 왕이 통치하였다.

남 왕국은 B.C. 586년 앗수르를 무너뜨린 바벨론에게 예루살렘이 함락되며 성전은 파괴되고 바벨론의 포로로 잡혀가게 된다.

열왕기하, 예레미야, 에스겔, 이사야, 학개, 스가랴, 에스라, 느헤미야에서 B.C. 538년 바벨론을 무너뜨린 페르시아 정부는 포로들을 돌려보내어 성전을 재건하고 유대 공동체의 질서를 세우도록 한다. 귀환한 스룹바벨은 유대인들의 성전을 재건하고, 서기관 에스라는 바벨론 포로생활 이후에 성스러운 문서들을 수집, 재편집하여 성경을 정리하며 서기관과 제사장이 길러지는 율법 학교를 발전시킨다.

학개, 스가랴, 말라기 선지자를 끝으로 하나님은 침묵하셨다. 포로시대를 통하여 회당 문화와 성경을 필사하는 서기관이 생겨나며 유대교가 시작된다.

구약 이야기는 지금의 세상에서처럼 속임, 시기, 악행, 고난 그리고 회개, 용서, 사랑의 이야기들을 담고 있다. 그러나 성경 속 그 이야기 속에서 하나님의 약속과 하나님의 임재와 하나님의 원대한 계획을 발견할 수 있다.

성경은 삶의 거울이 되어 동일한 성경 말씀을 읽어도 그때마다 새로운 영성과 교훈을 주신다. 잠언의 지혜, 시편의 아름다운 찬양의 노래, 전도서의 교훈 등 모든 성경은 영원한 생명의 보고이다.

"은을 구하는 것 같이 그것을 구하며 감추어진 보배를 찾는 것 같이 그것을 찾으면 여호와 경외하기를 깨달으며 하나님을 알게 되리니" – 잠 2:4,5

인류의 불순종으로 풍성한 하나님과의 관계는 깨어지고 인간은 하나님으로부터 분리되었지만, 처음 범죄 했던 바로 그때 하나님은 "여인의 후손으로 사탄을 멸하게 되리라"라고 말씀하시며 인간이 하나님과 다시 연합할 수 있는 길을 약속하셨다. 모든 성경은 그때 이후로 예수 그리스도로 구속의 완성까지 이 약속을 성취해 오셨는지를 기록하고 있다. 죄는 벌해야 하지만 구원을 위한 하나님의 끊임없는 손길은 세상의 처음부터 지금까지 이어지고 있다.(창 3:15 갈 4:4~7)

# 3

# 신·구약 중간시대

　성경은 헬라(그리스) 알렉산더 대왕의 정복과 유대 헤롯 대왕
통치 기간 사이의 역사에 대해서는 언급이 없다. 말라기 선지자
를 보낸 B.C. 400년부터 예수님이 오실 때까지 하나님은 이 땅
에 말씀을 내려보내지 않으셨다.

　성경학자들은 이 기간 하나님은 침묵하셨지만, 예수 그리스
도를 이 땅에 보내셔서 복음을 전파할 수 있도록 준비하셨다고
말한다. 하나님께서 기다림을 주신 400년 기간 성경의 배경이
되는 이스라엘 지역을 중심으로 예수님이 오시기 전 시대의 역
사에서 신약성경 이해에 도움을 가진다.

B.C. 538년 바벨론을 무너뜨린 페르시아(바사)는 이후 200여 년 동안 중동 지역을 제패하며 지중해 너머 유럽까지 세력을 확장하려 하지만 B.C. 332년 그리스 알렉산더 대왕에게 멸망하게 된다. 젊은 알렉산더 대왕은 혜성처럼 나타나 아시아를 제패하며 가는 곳마다 헬레니즘 문화와 헬라(그리스)어를 전파했다.

알렉산더 대왕이 33세에 요절(夭折)하며 그리스 제국은 4개의 왕조로 분열된다. 그중 팔레스타인 땅에 영향을 크게 미친 왕조는 애굽의 프톨레미 왕조와 수리아를 지배하던 셀류쿠스 왕조이다. B.C. 303~197년까지 애굽의 헬라 왕조는 유대인들에게 관대한 문화 정책으로 통치하며 수도를 알렉산드리아에 정하여 세계 문화의 중심으로 만든다. 이때 애굽 등으로 흩어진 유대인들을 위하여 히브리어 성경이 헬라어로 번역되는데, 이것이 구약 칠십인역(Septuaginta)이다.

B.C. 197년부터 유대 지방은 다시 북방 셀류쿠스 왕국의 지배를 받게 된다.

특히 안티오쿠스 4세는 잔혹한 인물로 성전을 더럽히고 제우스를 위한 제사 강요와 율법 책을 불태우며 종교탄압과 포악한 통치를 하게 된다. 이러한 폭거에 항거하여 모데인 지역의 지도자 맛디아는 그의 다섯 아들과 함께 저항하였으며, 그가 죽은 후 셋째 아들 유다가 주도하여 헬라 왕조의 시리아 군사를 게릴라 전법으로 연전연승을 거두며 예루살렘 성전 회복에 성공

한다. 이것이 마카비 운동이다. 이스라엘은 성전 회복을 기념하는 수전절(하누카)을 주요 절기로 지킨다. B.C. 164년 안티오쿠스 4세가 로마 폼페우스 장군에게 전사하며 종교탄압이 멈추게 된다.

하스몬 왕조는 B.C. 164~63년까지 약 100년을 지속하며 유다의 헬라화를 촉진하게 된다. 이러한 것에 경건한 유대인이 반기를 들고 나온 것이 바리새파이다. 이후 하스몬 왕조가 이어지나 내부 권력 다툼으로 하스몬 왕조 마지막 왕의 두 아들이 왕위를 두고 싸우다 로마 폼페우스 장군에게 정통성 심판을 받자고 하고 이들의 초청으로 로마 군대는 전쟁 없이 예루살렘을 점령하였다.

B.C. 37년 하스몬 왕조는 몰락하고 로마 점령 시대가 시작된다. 로마는 점령한 나라의 현지 문화와 종교를 인정하며 천부장, 백부장을 두어 문제를 해결하였다. 이러한 배경으로 폼페우스는 자신을 도와준 이두매 사람 안티파스에게 이두매 지역을 다스리게 한다. 안티파스는 아들 파사엘에게는 예루살렘 총독을, B.C. 47년 헤롯에게는 갈릴리 총독을 임명한다.

헤롯은 로마에 의해 B.C. 37년 유대인의 왕이 되었다. 그는 기울어가는 하스몬 왕가의 딸 미리암과 혼인하며, 예루살렘 대신전 신축 등 그 외에도 많은 업적을 남긴다. 그러나 그의 성격은 난폭하고 잔인하여 자신의 왕권 보전을 위해 왕비 미리암의 남동생, 어머니, 두 아들과 아내 미리암도 죽인다.

이러한 헤롯 대왕에게 동방박사 세 사람이 찾아와 유다와 이스라엘을 다스릴 왕이 탄생했다는 말을 한다. 그 말을 들은 그가 내린 명령과 예수 탄생 이야기는 성경 마태복음 2장 16~18절에서 기록하고 있다.

시간을 넘어 B.C. 80년 로마에는 카이사르, 폼페우스, 크라수스 삼두정이 제국을 나누어 다스리던 중 카이사르가 무적의 지도자로 올라선다. 무장을 하고 루비콘 강을 건넌 카이사르에게 맞서야 할 폼페우스는 오히려 이집트로 도망을 쳤으나 B.C. 49년 그곳에서 암살당한다.

이집트에서 카이사르는 프톨레미 왕조의 클레오파트라와 사랑에 빠져 그의 많은 요구를 다 들어준다. 그러나 카이사르는 B.C. 44년 부하 브루투스에게 암살당한다. 그 후 카이사르의 동지였던 안토니우스가 클레오파트라와 연합한다. B.C. 31년 카이사르의 양자였던 옥타비아누스와 악티움에서 해전을 하지만 옥타비아누스에게 패하며 안토니우스와 클레오파트라는 자결한다.

B.C. 27년 절대 권력을 갖게 된 옥타비아누스는 '존엄자'라는 의미의 아우구스투스(가이사 아구스도)로 이름을 바꾸고 대로마제

국의 새로운 황제가 된다. 이후 로마는 초강대국이 되며 로마의 평화(Pax Romana)가 계속된다.

천하를 통일한 아우구스투스 황제는 제국에 얼마나 많은 사람이 거주하는지, 세금을 얼마나 낼 수 있는지를 알아보기 위해 인구조사를 벌인다. 이스라엘 사람들은 인구조사를 받기 위해 각기 고향으로 보내져 신고하게 된다.

"그 때에 가이사 아구스도가 영을 내려 천하로 다 호적하라 하였으니" – 눅 2:1

# 4

# 신약성경 이야기

## 예수님의 탄생

헤롯 대왕(B.C. 37~B.C. 4) 통치 때 마리아는 나사렛의 요셉과 약혼 중 천사의 방문을 통해 성령님의 역사로 임신할 것을 듣고 순종하여 받아들인다. 요셉은 파혼하려 하였으나 천사가 꿈에 나타나 마리아가 잉태한 아기는 성령님으로 잉태된 하나님의 아들이라 일러주며 "이름을 예수라 지으라" 명한다.(눅 1:31)

다윗의 후손인 요셉은 만삭의 약혼녀인 아내와 고향 베들레헴에 가서 호적 신고를 해야 했다. 갈릴리 지역 나사렛을 떠나 나귀를 타고 몇 날이나 걸리는 베들레헴으로 향했다. 12지파 중 제일 후손이 많은 유다 후손들이 전국에서 베들레헴으로 다 몰려들어 여관이 없어 말구유에 유숙하게 된다. 이 과정에서 메시아로 오신 하나님의 아들 예수 그리스도는 베들레헴에서 탄생하신다. 이로써 예수님 탄생 700여 년 전 기록된 미가 5장 2절, 이사야 11장 1절 말씀의 예언을 이루셨다. 성경은 예수 그리스도에 대한 많은 예언을 하였고 그 예언은 성취되었으며 남아 있는 예언은 이루어진다.

## 큰 기쁨의 좋은 소식

예수님의 출생은 선지자들의 예언이 있었으며, 누가복음 1장 78, 79절에서 세례 요한의 아버지 사가랴는 장차 오실 예수님은 돋는 해와 같고 우리를 평강의 길로 인도하실 것이라 예언했다. 예수님은 하나님 나라의 왕이셨지만 마구간에서 초라한 모습으로 탄생하셨다. 그럼에도 예수님의 탄생이 우리에게 큰 기쁨이며 좋은 소식인 이유는 우리를 회개시켜 죄 사함을 받게 하시기 위한 존귀한 탄생이기 때문이며, 인류의 높임을 받으실 유일한 하나님의 독생자로 오셨기 때문이다.

당시 목자들에게 주의 천사가 나타나 아기 예수님의 탄생을 전했다. 이는 예수님의 탄생이 가난한 사람들에게 아름다운 소식이자 큰 기쁨임을 증명했다. 예수님은 사랑과 낮아짐으로 우리에게 평화의 왕으로 이 땅에 오셨다.(눅 2:8~14)

예수님은 왜 로마시대 중동의 작은 땅에 오셔야 했을까?

이 부분을 설명하는 성경학자들의 말을 빌리면 '이때의 로마는 모국어 라틴어가 아닌 헬라(그리스)어를 공용어로 해서 언어가 통일되었다. 도로가 완비되고 해로의 확충과 행정이 통일되어 말씀이 장애 없이 땅 끝까지 갈 수 있었다. 그리고 그 땅에 오신 이유는 하나님이 아브라함에게 복의 근원이 될 것을 약속하셨기 때문이다. 예수님은 "아브라함과 다윗의 자손으로 이스라엘 땅에 오셨다"라고 말한다.

예수님은 베들레헴에서 탄생 후 나사렛에서 성장하며 약 30세까지 목수를 직업으로 살았다. 예수님은 요단강에서 죄의 회개와 용서를 촉구하며 그 상징으로 물로 세례를 베푸는 세례 요한에게 세례를 베풀게 하여 요한은 예수님께 세례를 베풀었다. 그 후 예수님은 성령님의 인도로 광야로 가서 금식과 기도로 40일을 지내셨다. 마귀가 시험하였으나 승리하자 천사들이 그의 시중을 들었다. 얼마 후 세례 요한이 옥에 가두어지며 이때부터 예수님은 본격적으로 사역을 시작하신다.

# 예수님의 사역 시작과 새로운 시대

## (1) 예수님의 사역 시작

복음서를 보면 예수님은 고향 갈릴리 지역에서부터 사역을 시작하셨다. 예수님의 사역으로 수많은 치유와 기적이 일어났으며, 귀신들이 달아나고 안식일과 세금 문제 등 그의 권위 있는 가르침이 퍼졌다. 예수님에 대한 소문은 삽시간에 퍼져 예수님이 가는 곳마다 군중이 몰려들었다. 예수님은 밤새워 기도하신 후에, 사도(使徒)라 불리는 제자 열두 사람을 세우셨고, 가는 곳마다 하나님의 나라와 삶에 대해 참된 말씀을 전해주셨다.

4복음서의 마태복음은 유대인의 왕으로 오신 예수 그리스도에 대하여, 마가복음은 종으로 오신 예수님에 대하여, 누가복음은 사람으로 오신 예수님에 대하여 기록하고 있다. 그리고 요한복음은 하나님의 아들로 오신 예수님과 미래에 일어날 일에 대하여 기록하고 있다.

복음이란 기쁘고 좋은 소식(good news)이다. 예수님이 전하신 좋은 소식은 천국(왕국) 복음이며, 예수님 십자가 사건 이후 예수님에 관한 복음은 하나님의 은혜의 복음이며, 그리스도의 복음이다 .

예수님의 천국 복음은 율법 시대에서 은혜의 시대로, 복음이 유대인에서 이방인으로 전환되는 역사적인 시대의 하나님의 말씀이다. 유대인은 오래전부터 메시아를 기다려 왔다. 하나님이 예수님의 몸으로 이 땅에 메시아로, 유대인의 왕으로 오셨지만 유대인은 예수님을 메시아로 받아들이지 않는다.

구약성경의 십계명과 모든 말씀은 양심에 새기는 도덕이 되고 심령의 거울이 되어 주듯이 복음서의 말씀 역시 오늘을 살아가는 성도들에게 소중한 진리의 교훈을 주신다. 예수님이 이루고자 하셨던 하나님 나라에 대한 많은 진리의 말씀 중 산상수훈에서 교훈을 가진다.(행 20:24 고후 10:14 롬 1:13~17)

### (2) 진리의 교훈

예수님께서 산 중턱에 올라 제자들에게 들려주신 말씀은 지금도 그를 만난 모든 사람들의 마음에 잔잔한 변화를 주며 참된 행복이 어디서 오는지 교훈을 주신다. 하나님의 축복은 겸손한 자, 세상의 죄 많음을 탄식하는 자, 온유하고 선한 일에 헌신하는 자, 자비로우며 하나님을 섬기는 자, 화평케 하는 자에게 주어진다. 이는 세상이 생각하는 행복의 기준과는 너무도 달라 지금의 우리에게도 충격을 주지만 당시의 유대인들도 충격을 받았다. 예수님의 가르침에 거칠게 비난하는 율법학자들에게 예수님은 "율법적 도덕을 폐하러 온 것이 아니라 완성하러 왔다"라고 강조하셨다.

예수님은 "살인하지 않는 것만으로는 충분하지 않으며 살인으로 이끄는 분노의 마음을 버리는 것이 중요하다. 간음하지 않는 것만으로 충분하지 않으며 간음으로 이끄는 음란한 생각까지도 버리는 것이 중요하다. 우리가 분명히 약속한 것들만 지킬 것이 아니라 우리가 하는 모든 말들 그 자체에 진심이 담겨 있어야 한다"라고 말씀하셨다. 당시 유대 율법은 받은 만큼 복수하는 것이 원리였지만 예수님은 "악도 선으로 갚고 오른뺨을 때리는 사람에게 왼뺨도 대라"라고 가르치셨다.

경건이나 자선도 마찬가지다. 다른 사람을 돕고 위하는 것은 당연히 해야 할 일이다. 하지만 때때로 이런 자선을 '나를 내세우기 위해서 하고 있지는 않는가? 누구에게 보여주기 위해서 하고 있지는 않는가?'를 생각해야 한다. 하나님의 말씀을 지키기 위해 정말로 그 영혼을 사랑하는 마음으로 자선과 봉사가 나와야 한다는 것이 예수님이 우리에게 가르치신 말씀이다.

또 예수님은 하나님의 나라를 위하는 삶을 위해 세상에서의 문제를 걱정하지 말라고 말씀하셨다. 공중에 나는 새에게 양식을 주시며, 들에 피는 꽃에게 옷을 입히시는 것과 같이 주님은 나에게 필요한 것이 무엇인지 아시기 때문이다. 하나님을 믿으면 모든 것을 채워주신다는 믿음을 가질 때 세상의 모든 문제들을 근심하지 않게 된다. 예수님은 하나님의 나라에 대해 가르치시면서 그리스도인들이 삶에서 필요한 방식들에 대해서도 말씀해 주셨다.

구약의 그 수많은 윤리적 율법들을 예수님은 '황금률' 즉 "남에게 대접받고자 하는 대로 대접하라"라는 한 말씀으로 요약하셨다. 예수님은 "남을 비판하지 말라. 입으로만 봉사하지 말라"라고 많은 진리의 교훈을 주시며 "나의 말을 행하는 자는 반석위에 집을 세운 지혜로운 사람이니, 심한 비바람이 불 때도 그집은 안전하다"라며 순종을 말씀하셨다.

예수님은 진리의 교훈뿐 아니라 많은 어려운 사람들의 친구셨다. 예수님은 부드러운 모습으로 모두를 받아주시고 서로 용서하라고 하시지만, 예루살렘에 입성하여 성전에서 재물을 사고파는 사람들을 쫓아내시며 "성전은 기도하는 집인데 도둑의소굴이 되었다"라고 한탄하셨다. 예수님은 유대 지도자들의 세금, 부활 등 예수님을 함정에 빠뜨리려는 다양한 질문에도 답하시며 "어떤 계명이 으뜸인가?"라는 질문에는 "하나님 사랑과 네이웃을 네 몸과 같이 사랑하는 것"이라고 대답하셨다.

(마 7:13,14 마 11:28 막 12:30,31)

### (3) 새로운 삶의 방식

성경을 하나님의 말씀으로 믿는 사람은 이제 완전히 다른 삶을 살아가게 된다. 같은 곳에서 같은 몸을 가진 것 같은 삶처럼보이지만, 믿는 것이 다르고 인생의 목표가 다르기 때문에 삶의 내용이 180도 달라진다. 진정으로 변화된 성도는 굳이 신앙을 자랑하지 않아도 달라진 삶으로 주위 사람들이 먼저 알아본다. 무작정 달라진다는 막연한 이해를 피하기 위해서 예수님의 '산상수훈'을 기반으로 한 번 더 예수님이 우리의 삶에서 원하시는 변화들을 살펴본다.

### – 참다운 행복 (마 5:1~12)

세상에는 참으로 즐거운 일들이 많다. 잠을 푹 자도 행복하고, 맛있는 것을 먹어도 행복하고, 좋은 사람들을 만나 나누는 짧은 대화를 통해서도 우리는 행복을 느낀다. 그런 행복은 정말로 일시적인 것이기에 우리는 진정한 행복을 찾아, 더 나은 쾌락을 찾아 인생을 허비한다. 그러나 예수님을 믿음으로 구원받은 사람들에게는 절대로 채울 수 없을 것 같았던 마음의 공허함이 채워지는 기적이 일어난다. 더 이상 세상의 즐거움과 행복을 찾아서가 아니라 하나님이 주시는 마음의 행복을 누리며 살아가게 되는 것이다.

### – 빛과 소금 (마 5:13~16)

사람은 자기와 비슷한 사람들과 있을 때 안정감과 동질감을 느낀다. 그래서 비슷한 일을 하는 사람들끼리 회사를 세우고, 비슷한 취미를 가진 사람들끼리 동호회를 만들고, 비슷한 성향을 가진 사람들끼리 친구가 된다. 그리스도인들도 자칫하면 이 함정에 빠져 믿는 사람들끼리만 관계를 가질 수 있다. 그러나 성도의 일터는 세상이며, 우리의 목적도 믿지 않는 사람들을 전도하는 것이다. 예수님은 나에게, 그리고 우리에게 세상의 빛과 소금이 되라고 분명히 말씀하셨다.

### – 분노 (마 5:23,24)

예수님을 믿고 따르는 그리스도인이라 하더라도, 이전의 삶에 비해 모든 성품이 나아진 삶이라 하더라도, 아직 땅에서 살아가기에 모든 성정을 참고 다스릴 수는 없다. 아무리 예수님을 믿고 따른다 하더라도 억울한 일을 당하면 화가 나고, 슬픈 일을 당하면 낙심하기 마련이다.

말씀도 이 사실을 분명히 알기에 우리에게 화가 날 때 화를 내지 말라고 요구하지 않는다. 다만 화를 다스리고 잘못을 사과하라고 요구한다. 사람의 한계를 인정하고 하나님의 도우심을 구할 때 우리의 분노와 죄를 다스릴 수 있게 된다. 관계 회복을 위해서는 상대의 감정에 공감하며 내가 먼저 다가가야 한다. 언제나 자신에게도 잘못이 있음을 고백할 수 있어야 한다.

### – 맹세 (마 5:33~37)

사기는 약속을 기반으로 일어난다. 지켜야 할 약속이 오히려 속이는 범죄로 가장 많이 변한다는 것은 사람 사이의 믿음과 신뢰의 기반이 얼마나 빈약한지를 보여주는 지표라고도 할 수 있다. 그러나 하나님이 우리에게 주신 은혜의 약속은 결코 변함이 없다. 그렇기에 이 약속을 믿는 사람들은 이후의 약속과 맹세를 지키는 기준도 분명히 달라져야 한다.

### - 복수 (마 5:38~42)

당한 만큼 갚아주는 것은 어쩌면 인간의 본성에 기반한 세상의 보편적 법칙이라고 생각할 수도 있다. 그러나 우리의 추악한 죄를 값없이 용서하여 주시고 영생을 주신 하나님의 사랑을 믿는 그리스도인은 이제 복수와 정죄라는 세상의 법칙이 아닌 사랑이라는 주님의 법칙을 따라 살아야 한다.

### - 원수 (마 5:43~48)

예수님은 세상에 속해 하나님과 원수가 된 인간들을 구원하러 오셨다. 그리고 정말로 구원하셨다. 그렇기에 이 놀라운 은혜를 믿고 변화된 사람들은 원수를 사랑할 수 있고, 원수를 위해서 기도할 수 있다. 예수님께 나아온 사람들은 새로운 진리로, 새로운 삶의 방식으로 각자의 어려움에서 자유인으로 살 수 있었다.

예수님은 복음서에서 산상수훈과 함께 열매 맺는 삶에 대해서, 달란트와 므나 말씀으로 청지기 삶에 대하여, 지옥과 하늘나라에 대하여, 거짓 선지자에 대하여, 미래에 일어날 일들과 구원에 대한 말씀 등 많은 가르침을 주신다.

## 예수님의 고난, 죽음, 부활, 승천

예수님은 돌아가시기 하루 전 제자들과 함께 예루살렘의 한 다락방에서 최후의 만찬을 하시던 중에 제자들의 발을 씻겨주시며 서로를 섬기고 서로를 사랑해야 함을 말씀하셨다. 또한 배운 바를 기억나게 하여 더 깊은 진리로 인도할 '성령님'을 선물로 주시겠다고 약속하셨다.

예수님은 다락방을 떠나 제자들을 이끌어 겟세마네 동산에 이르러 기도하셨다. 예수님은 다가올 일을 피할 수 있기를 바라셨다. 그러나 "나의 뜻대로 마시고 아버지의 뜻대로 하소서"라고 기도하셨다.

무장한 자들이 오자 제자들은 도망하였고 예수님은 체포된 후 대제사장 가야바의 집으로 끌려갔다. 베드로가 세 번째 예수님을 부인할 때 수탉이 울었다. 빌라도는 예수님을 채찍질하게 한 후 십자가에 못 박히도록 넘겨주었다. 예수님이 '골고다'에 이르렀을 때 병사들은 예수님을 십자가에 못 박았다.

예수님은 십자가상에서 자신을 희롱하며 못 박은 자들에게 저들은 내가 누군지 모르고 한 것이니 저들을 용서해 달라고 중보기도를 하신다. 저들 속에는 나도 있다. 예수님의 말씀을 듣고 회개한 죄수에게 믿음 하나로 오늘 나와 함께 낙원에 가는 구원을 주신다.

예수님은 죽음의 순간에도 어머니를 부탁하며 가족의 책임을 다하신다. 죄로 인해 지옥 형벌을 받아야 하는 인류를 위해, 하나님의 공의를 이루시기 위해 아버지 하나님과 이별하는 아픔을 이기시며 모든 율법과 죄를 지고 피 흘려 죽어주심으로 값없이 죄 사함 받는 구원의 선물을 주신 후 다 이루었다는 승리의 말씀을 하셨다. 마지막으로 "내 영혼을 아버지 손에 부탁하나이다"라는 말씀을 하신 후 숨을 거두셨다. 바로 그때 성전의 휘장이 찢어지며 둘로 갈라졌다.

예수님은 죽음에서 부활하시고 약 사십일 동안 제자들에게 나타나셨다. 갈릴리로 돌아가서 고기를 잡는 베드로를 만나 아침 식사를 하며 베드로에게 "내 양을 돌보라"라고 말씀하셨다. 예수님은 감람산에서 마지막으로 제자들과 만나 성령님을 선물로 주실 것을 약속하시고, 세상 끝까지 그의 증인이 될 것을 명령하신 후 하늘로 올라가셨다.(요 13:34 요 19:30 눅 24:5,6 요 21:17 행 1:9)

예수님은 사람이셨지만 사람 이상이셨다. 예수님은 누구신가?

## 예수 그리스도는 누구신가?

예수님은 과연 누구일까?

무신론자들은 예수님에 대해 누군가 지어낸 허상이라고 이야기하고, 어떤 역사학자들은 신격화된 정치 사범이라고도 이야기한다. 그러나 한 가지 확실한 것은 예수님은 역사적으로 실존하신 분이다. 그리고 예수님을 인정하지 않았던 당시의 사람들 그리고 현재의 사람들도 예수님을 '보통 사람'으로 생각하지 않는다는 것이다.

예수님은 마구간에서 태어나시고 목수의 가정에서 자라셨음에도 권위 있는 교훈과 설교를 어디서나 전하셨다. 당대의 학자들, 정치인 및 종교 지도자들까지 놀랄 정도였고 더욱 놀라운 것은 많은 사람들이 하나님의 아들로 경배했다는 사실이다. 여기에 부활이라는 도저히 믿기 힘든 이야기도 더해졌다. 그런데 이 허무맹랑한 것처럼 보이는 이야기를 직접 경험했다는 제자들이 많았고, 그 제자들은 하나같이 평생을 예수 그리스도의 복음만을 위해 살다가 죽거나 순교했다.

예수님의 부활이 거짓이라면 이런 현상들은 도저히 설명하기 어렵다. 예수님이 살아계실 때도 그 무엇을 얻기 위해 왔다가 어려운 상황이 되면 도망치고 심지어 예수님을 부인했던 제자들이 왜 예수님이 돌아가신 후에 어떤 권력과 명예도 얻지 못했음에도 생명을 바치면서까지 예수님이 하나님의 아들이라고 전했을까? 진실 여부를 떠나 이런 사실들은 사람이라면 누구나 이런 변화의 동기를 받아들이기 어려울 것이다.

당시 상황에 비추어 예수님의 생애를 조명해 보자. 유대인들은 미래에 이스라엘을 통치할 메시아가 올 것을 믿고 있었지만, 메시아가 사람을 섬기기 위해 고난을 받을 것은 상상하지 못했다. 예수님은 사람들에게 전혀 새로운 삶의 방식을 가르치셨다.

예수님은 산 중턱에서, 바다에서, 세리와 창녀에게, 그리고 병자들에게 새로운 말씀과 교훈을 가르치셨다. 예수님은 하나님이 주신 능력으로 사람들을 섬기고, 도와주시고, 고쳐주시나 예수님은 권능을 함부로 사용하지 않으시고 따르는 사람들에게 참된 용서와 사랑, 심판 그리고 하나님에 대해서 가르치기 위해서만 사용하셨다.

예수님은 진리를 가르치시며 이 진리를 알아야만 모든 인간들이 겪는 고민과 어려움으로부터 자유로울 수 있다고 말씀하셨다. 하나님의 계획을 완성하기 위해 예루살렘을 향하시며 제자들에게는 자신의 죽음과 부활에 대해 말씀하신 뒤 최후의 만찬을 하시며 "서로 사랑하라"라는 새 계명을 주시고 제자들을 위해 기도하셨다. 예수님은 십자가의 고난을 받으시고 부활 뒤 승천하심으로 하나님의 구원의 계획을 온전히 이루셨다.

예수님은 따르던 제자들에게 "사람들이 나를 누구라 하느냐?"라고 물으셨다. 제자들이 들리는 소문을 말하자 이번에는 "그렇다면 너희는 나를 누구라 하느냐?"라고 물으셨다. 제자들은 예수님을 누구라고 생각했기에 한순간에 모든 것을 포기하고 예수님을 따랐을까?

예수님은 우리에게도 같은 질문을 하신다.

"너에게 나는 누구냐?"

나는 예수님을 어떤 분으로 생각하여 믿는다고 하는가?

예수님은 나를 위해 이 땅에 오시고, 나를 위해 죽으시고, 3일 만에 부활하신 유일하신 구원자 그리스도이시다. 이사야 선지자는 예수님 오시기 750년 전에 예수님의 탄생을 예언했고, 예수님도 자신이 하나님의 아들이라 말씀하시며 수많은 능력으로 증명하셨다. 예수님은 자연을 복종시켰고, 모든 병과 귀신들린 자를 고치셨으며, 죽은 자를 살리며 사망과 생명의 영역까지 주관하셨다. 이런 예수님이기에 우리의 죄를 사하며 구원해 주실 수 있고, 새로운 생명을 주실 수 있다.

예수님을 정말로 내 삶을 구원해 주실 창조주이자 주권자로 믿을 때 구원을 얻는다. 예수님을 누구라고 분명히 믿고 고백하는 것은 신앙에 있어서 가장 중요하다. 요한복음 1장 1~14절은 "태초에 말씀이 하나님과 함께 계셨으며 말씀은 곧 하나님이시다. 말씀이 육신이 되신 예수님은 인간의 모습으로 이 땅에 오셨다"라고 말씀한다.

참 빛이신 예수님을 믿을 때 죄 사함을 얻고 영생에 이르며 예수님을 믿지 않으면 죄의 심판을 받고 멸망에 이른다.(골 1:15~17 요 20:31)

# 예수 그리스도께서 하신 일

예수님이 3년 반의 공생애 기간 동안 하신 일들을 조금 더 자세히 알아보자. 예수님은 제자들을 훈련하여 오직 전도의 사명을 이루셨다. 그리고 예수님은 가는 곳마다 병자를 고치시고, 죽은 자를 살리시고, 굶주린 군중을 먹이셨으며, 사회에서 버림받은 자와 죄인들의 친구가 되어주셨다. 예수님의 모든 말씀에는 지혜와 능력이 충만했으며 죄 없는 삶의 본을 보이셨다. 그러나 놀라운 능력을 가지신 예수님, 단 하나의 죄도 없으신 예수님은 십자가에 달려 돌아가셨다. 예수님이 스스로 그 일을 허락하셨기에 가능한 일이었다.

이 사실이 중요한 이유는 예수님의 이적과 가르침도 중요하지만, 예수님에게 가장 중요한 것은 인류의 죄를 위해 죽으시고, 부활하시는 구원의 사역이었음을 알 수 있기 때문이다.

예수님은 우리를 위하여 죽어주셨다. 바로 나의 죄를 위해 예수님은 모든 수치와 고통을 감내하셨다. 예수 그리스도께서는 죄인인 우리를 대신하여 십자가에 못 박혀 죽으심으로 하나님의 사랑을 나타내셨다. 예수님은 제자들에게 말씀하셨던 것처럼 정말로 사흘 후에 부활하셨다. 수많은 군중이 보는 앞에서 처참하게 돌아가신 예수님이 다시 살아나셨다는 것은 지금도 믿기 어려운 일이다. 그러나 누구보다 그리스도인을 박해했던 바울은 예수님께서 부활하신 후에 게바, 열두 제자, 오백여 형제, 야고보, 모든 사도 그리고 바울에게도 나타나셨다고 말했다. 예수님의 십자가 보혈로 우리는 구원을 얻게 되었으며, 성령을 보내어 주셔서 위로해 주시며 힘주시며 인도하여 주신다.

> "내가 받은 것을 먼저 너희에게 전하였노니 이는 성경대로 그리스도께서 우리 죄를 위하여 죽으시고 장사 지낸 바 되셨다가 성경대로 사흘 만에 다시 살아나사" – 고전 15:3,4

이처럼 수많은 사람들이 부활하신 예수님을 만났는데 만약 그들이 모두 짜고 속이려고 했다면 저마다 증언이 달라 복음은 조금도 전파되지 못하고 사라졌을 것이다. 그러나 바울이 "예수 그리스도께서 부활하지 않았다면 우리의 전하는 것과 믿음도 헛것이 되는 결과가 초래된다"라고 했을 정도로 부활은 당시 사람들에게 부인할 수 없는 분명한 사실이었다. 또 부활이 사실이라면 왜 이스라엘의 작은 지역에서 태어난 예수라는 사람의 가르침을 전하기 위해 갑자기 사도와 제자들이 목숨을 아끼지 않고 생명을 바쳤는가를 이해할 수 있다. 그들은 죽음을 넘어선 참된 생명이 무엇인지 예수님의 부활을 통해 목격했던 것이다.

부활하신 예수님께서 배반한 베드로를 찾아가 그를 다시 회복시켜 주시는 모습은 참으로 멋있다. 예수님은 인간의 연약함을 아시며 이해하여 주시고, 힘을 주셔서 다시 일으켜 세워 따르게 하신다. 우리도 결심하지만 내 뜻대로 안 된다는 것을 안다. 그러나 주님은 그 결심이, 그 결심의 순간은 진심이었다는 것을 믿어주시며 다시 손잡아 이끌어주시기에 우리는 주님께 더한 신뢰와 사랑을 갖는다.

예수님이 이 땅에 오셔서 하신 일들을 성경을 통해 알아갈 때 내가 어떤 삶을 살아가기를 바라시는지를 깨닫게 된다. 나그네 같은 인생, 죽으면 끝이라고 생각한 삶에 영원한 생명이 있다는 것과 그 생명을 얻을 수 있는 방법이 무엇인지 알게 됐다는 것은 가장 큰 희망이자 축복이다.

예수님은 이 땅에 오셨을 때 세리, 창녀, 병자와 같은 길가의 모든 사람을 만나주셨듯이, 지금도 우리를 비롯한 모든 사람들을 인격적으로 만나고 구원하기를 바라신다. 예수님은 지금도 여전히 특별하신 분이다. 오늘도 살아계셔서 옛날 갈릴리 호숫가에서 사람들을 만나셨던 것처럼 우리 모두를 인격적으로 만나시기를 열망하시며, 우리와 함께하시며, 연약한 우리를 도와주신다.

영원한 생명을 얻지 못한다면 이 세상의 모든 부귀영화를 누린다 해도 아무 소용이 없다.

# 예수님의 다시 오심

## (1) 예수님의 약속

1950년 겨울 한국전쟁 중 흥남부두 철수 작전 시 마지막 상선인 미국 군함 빅토리호는 피난민을 한 사람이라도 더 승선시키려 치열하게 노력했다. 당시 한 아버지는 11살 아들을 홀로 태우며 "부산에 있으면 아빠가 찾아갈게"라며 눈물로 헤어진다. 아버지는 남아 있는 노모와 처리해야 할 일이 있어 아들과 함께 갈 수 없었다. 아들은 부산으로 오신다는 아빠의 약속을 믿고 어려운 환경을 이겨내며 꿋꿋이 살아갔다.

이 이야기를 들으며 이 땅에 살아가는 성도들의 삶도 이와 비슷하다는 생각을 했다. 만약 아들이 아버지의 말을 믿지 못하여 기다리지 않는다면 아들은 아버지를 신뢰하지 않는 것이며, 아버지를 거짓말쟁이로 만드는 것이 된다. 성도인 우리는 예수님이 승천하시며 우리의 거처를 예비하시고 다시 오셔서 우리를 데려가 함께하시겠다고 하신 약속을 믿고 다시 주님을 만날 기대를 가지고 험한 세상을 살아가는 자이다.

"너희는 마음에 근심하지 말라 하나님을 믿으니 또 나를 믿으라 내 아버지 집에 거할 곳이 많도다 그렇지 않으면 너희에게 일렀으리라 내가 너희를 위하여 거처를 예비하러 가노니 가서 너희를 위하여 거처를 예비하면 내가 다시

와서 너희를 내게로 영접하여 나 있는 곳에 너희도 있게 하리라" – 요 14:1~3

하나님께서 천지를 창조하신 목적은 이 땅에 하나님이 통치하는 나라를 건설하는 것이다. 아담의 불순종으로 그 계획은 늦어져 예수님을 통하여 이 땅에 하나님의 뜻을 이루려 하였으나, 유대인은 예수님을 거절하였다. 예수님을 믿고 거듭난 자들은 하나님의 말씀을 나타내는 삶을 살아가지만, 예수님이 다시 오셔서 하나님의 왕국을 건설하심은 하나님의 분명한 계획이다. 그러므로 신약성경은 여러 곳에서 재림에 대하여 명확하게, 인류 역사에서 절정이 될 수 있는 사건으로 말씀하신다.

### (2) 예수님의 공중 재림

예수님은 이 땅의 성도들을 데리러 오신다. 주님께서 강림하실 때 죽었던 성도들이 일어나고, 살아 있는 성도들도 몸의 형체가 변화되어 끌어 올려져 공중에서 주님을 영접하고, 하늘의 그리스도 심판대에서 선악간 행위 심판과 어린 양의 혼인 잔치가 열린다.(살전 4:14~17)

교회의 들림 이후 이 세상에는 대혼란과 전쟁, 적그리스도의 통치와 무서운 환난이 시작된다. 대환난은 창세 이래로 가장 극심한 환난이다. 주님은 이런 환난에 빠지지 않고 구원에 이르기를 바라신다. 이것이 구원받은 우리가 전도해야 하는 이유이

다.(마 24:21 렘 30:7)

### (3) 예수님의 지상 재림

예수님은 예루살렘 앞 동쪽에 있는 감람산(올리브산)에 서신다.
(슥 14:4 살후 1:7~10 계 19:11~21)

지상에서 대환난기를 지나며 악과의 최후 전쟁(아마겟돈 전쟁)
이 있으며, 그리스도께서 영광의 왕좌에 앉아서 모든 민족을 심
판하시고 이스라엘의 구원받은 자, 환란기에 믿음을 지킨 성도
와 모든 믿는 자들로 천년왕국을 세우신다. 천년이 지난 뒤 풀
려난 사탄과 지옥의 혼과 믿지 않는 자들은 영원한 불못으로 심
판한 뒤 영원한 나라가 펼쳐진다.
(마 25:31~46 롬 11:25~32 계 20:1~10)

### (4) 예수님은 언제 오시는가?

예수님의 공중 재림의 때는 아무도 모르나 7년 대환란이 끝
나며 이루어지는 지상 재림은 사람들이 보는 가운데 이루어진
다. 하나님은 재림의 징조를 성경 여러 곳에서 말씀하신다. 민
족들이 싸우며 지진과 기근과 질병 그리고 노아와 롯 시대처럼
분주하고 타락한 때라는 것에서 그날이 현재 더욱 그러하기에
재림의 가까움을 예견할 수 있다.

"그러나 그 날과 그 때는 아무도 모르나니 하늘의 천사들도, 아들도 모르고

오직 아버지만 아시느니라" - 마 24:36 (눅 21:10,11 눅 17:26~36 벧후 3:10~13)

그리스도의 재림이 언제, 어떻게 일어나는가를 생각하기보다는 분명히 다시 오신다는 말씀을 믿고 깨어 근신하여 성실히 일상에 임하며 주님을 증거하는 것이 재림을 믿는 성도의 삶이다. 예수님은 모든 사람들이 복음을 듣고 구원받기를 바라신다.

## 제자들의 전도 운동

사도행전에는 예수님의 부활과 승천을 목격한 제자들이 그전과는 완전히 다른 사람으로 변화되어 목숨을 아끼지 않고 복음을 전파하는 모습이 나오는데 그 과정에서 하나님의 능력이라고 생각할 수밖에 없는 놀라운 기사들이 많이 일어났다.

예수님 승천 후 얼마 지나지 않아 유대인 명절인 오순절 기간 중 성령님이 바람과 불꽃으로 예수님을 따르던 사람들에게 임했다. 예수님의 부활 승천을 목격하고 성령님을 받은 제자들은 그 전과는 완전히 다른 사람으로 변화되어 목숨을 아끼지 않고 복음을 전파한다.

예루살렘으로 와서 명절을 지내던 지중해 연안의 각기 다른 지역의 사람들은 제자들이 자기들 지역의 언어로 방언을 하는 것을 보고 놀란다. 예수님을 세 번이나 부인했던 베드로는 "십자가에서 죽으신 예수님이 그리스도시며 죽음에서 부활하셨다"
라고 증거하는 사람이 됐다. 로마 정부는 예수님에 대해 말하는
것을 금지했음에도 교회는 점점 더 성장했다.

　초대 교회 스데반 집사는 예수님이 유대 신앙의 역사에 잘 맞
는지를 설명하고 유대인들이 하나님께서 보내신 이를 거부해온
것을 비난했다. 스데반은 "예수님이 하나님 우편에 서 계신 것
을 보았다"라고 주장했다. 사람들은 이 말을 듣고 마음이 상하
여 스데반을 돌로 쳐 죽였다. 하지만 스데반은 마지막까지 사람
들을 미워하지 않고 용서해달라며 기도했다.

　스데반의 순교는 예수 믿는 자들이 핍박을 피해 예루살렘 밖
으로 흩어지게 되었고, 이방에 교회들이 세워져 복음이 더 넓게
전파되는 계기가 되었다. 빌립은 사마리아로, 안드레는 그리스
와 러시아로, 야고보는 스페인으로, 도마는 인도로…. 제자들의
전도 운동으로 복음은 세계로 퍼져갔다.

　복음이 퍼져가는 이때 젊은 바리새인 사울은 그리스도인들
을 박해하며 잡아들이는 임무를 띠고 다메섹으로 가던 중 하늘
에서 빛이 번쩍이며 한 목소리를 듣게 된다. 다메섹에서 선지자
아나니아는 환상 중에 "사울을 방문하라"라는 명령을 받고 사
울에게 세례(침례)를 베풀었다. 그 즉시 사울은 자신이 잡아 죽
이려던 그리스도인처럼 "예수님은 하나님의 아들이다"라고 가

르치는 사람이 됐다. 바울은 특히 이방인들을 찾아가 전도했다. 예수님을 믿는 사람들에 대한 박해가 계속되어 왕인 헤롯은 야고보의 목을 베었고, 베드로는 감옥에 가뒀다.

이방인들을 교회에 받아들이는 문제로 예루살렘에서 공의회가 열렸는데 그리스도인이 되기 위해서는 유대의 율법을 지킬 필요가 없다는 결정이 내려져 기독교가 더 넓게 전파되는 계기가 되었다.

바울은 유럽 본토를 횡단하여 많은 나라를 복음화시키는데 큰일을 했다. 결국 복음을 전한다는 이유로 결박된 바울은 로마 총독에게 "유대 법정에 서라"라는 요구를 받았는데 이는 곧 죽음을 뜻했다. 바울은 로마 시민권을 활용해 황제에게 직접 탄원하겠다고 요청했고, 로마로 호송됐다. 바울은 로마의 작은 셋집에 머물며 판결을 기다리면서도 하나님 나라를 전파하며 주 예수 그리스도를 가르쳤다.(행 28:30,31)

## 교리

초대 교회 지도자들이 교회와 성도들에게 쓴 편지는 교훈과 진리의 중요한 가르침을 주었다. 사도 바울은 로마서, 고린도전서, 갈라디아서, 빌립보서에서 아담 이후 인류는 선천적으로 죄성을 가지고 태어났으며, 하나님과의 올바른 관계는 율법 준수의 노력이 아니라 예수 그리스도께서 죽음에서 부활하심을 믿는 것에 달려있다고 했다.

그리스도께서 목숨까지 바쳐서 주신 사랑으로 사람은 하나님과의 관계를 회복할 수 있게 되었다. 예수님을 믿은 모든 사람들은 성령님을 선물로 받고 새로운 삶을 살기 시작하였다. 그리스도인은 여전히 옛 죄 성과 싸우지만, 성령님의 능력 안에서 그들이 하나님께서 원하시는 새로운 삶으로 바뀌어 간다는 것을 확신할 수 있었다.

율법은 모세로부터 왔고 은혜와 진리는 예수 그리스도로 말미암아 왔다. 율법은 죄가 무엇인지 깨닫게 하려고 준 것이다.

구원은 하나님의 은혜로 받으나 구원받은 자는 하나님의 자녀로서 합당한 삶을 살아갈 것을 말씀하신다.

"사람이 의롭게 되는 것은 율법의 행위로 말미암음이 아니요 오직 예수 그리스도를 믿음으로 말미암는 줄 알므로 우리도 그리스도 예수를 믿나니 이는 우리가 율법의 행위로써가 아니고 그리스도를 믿음으로써 의롭다 함을 얻으려 함이라 율법의 행위로써는 의롭다 함을 얻을 육체가 없느니라" – 갈 2:16 (롬 1:17 롬 3:10 빌 2:6-11)

## 성도의 일상생활

### (1) 일상생활

　신약의 바울 서신을 비롯한 제자들의 편지에는 복음을 믿지 않고 예수님을 부인하는 이 세상에서 그리스도인들이 어떻게 살아가야 하는지에 대한 지침들이 나와 있다. 그리스도인은 기회가 있는 데로, 할 수 있는 모든 것으로 이웃을 사랑하고 선을 행해야 하며 어리석은 언행과 경박한 말들을 하면 안 된다. 그리스도인은 살아가는 방식이 세상 사람들과는 다르기 때문이다. 그런 이유로 시기와 다툼, 노여움과 이기적인 야망, 탐욕과 보복, 성적인 타락을 주의해야 한다.

　(롬 12:11~19 롬 13:13,14 갈 6:9 엡 4:26~29 엡 5:3,4, 15~21 빌 2:3,4 골 3:5~9 살전 4:3~5 딤전 6:6~8 약 3:2,3 벧전 4:3 요일 2:15~17)

### (2) 가정에서의 그리스도인

　세상에는 하나님이 세우신 질서가 있다.

　아내는 남편에게 복종해야 하고, 남편은 아내를 예수님이 교회를 사랑하신 것처럼 사랑해야 한다. 자녀는 부모에게 순종하며, 부모도 자녀에게 본을 보이며 사랑해야 한다.

　이런 원리들은 성경이 우리에게 가르치는 분명한 삶의 지침이다.

이런 원리를 거스를 때 하나님이 주시는 축복과 행복은 우리에게 찾아오지 않는다. 더불어 권위만 내세우는 것이 아니라 모든 원리의 중심은 사랑이라는 사실을 기억해야 한다. 부모와 자녀, 아내와 남편, 이웃을 위하고 섬기는 모든 일들의 중심은 하나님의 사랑으로 가득 채워져야 한다. 행동에서 그치는 선행과 봉사를 넘어서 하나님이 나를 살리기 위해 독생자를 보내주신 그 사랑과 은혜로 참된 사랑을 실천해야 한다.

다른 어떤 은사와 능력보다도 사랑에 초점이 맞춰질 때 그리스도인의 진정한 삶이 시작된다. 사랑할 때 마음의 두려움이 사라져 다른 사람을 사랑하고 위하게 되어 진정으로 돕게 된다. 그래서 성경은 '다른 사람을 미워하면서 하나님을 사랑한다고 말하는 사람은 속이는 사람'이라고 말씀한다.

(엡 5:25~28 엡 5:22~24 벧전 3:1~5,7 잠 13:24 엡 6:1~4)

### (3) 직장에서의 그리스도인

성경은 자기에게 맡겨진 일이 악한 일이 아니라면 무엇이든 탁월하게 하며, 무슨 일이든 주님의 일을 하듯 함으로 우리의 모든 삶이 변화될 것을 요구한다. 하나님께서 우리에게 주신 달란트로 최선을 다한다면 비록 생계를 위한 일이지만 그 일을 통해 하나님께도 영광이 되는 것이다. 구약성경과 신약성경은 일에 대한 관점과 지침을 준다.

**– 열심히 일하는 것은 선하다.**

"자기의 일을 게을리하는 자는 패가하는 자의 형제니라" – 잠 18:9

**– 일은 만족을 준다.**

"그러므로 나는 사람이 자기 일에 즐거워하는 것보다 더 나은 것이 없음을 보았나니 이는 그것이 그의 몫이기 때문이라" – 전 3:22

**– 일하지 않는 자는 먹지도 말라.**

"우리가 너희와 함께 있을 때에도 너희에게 명하기를 누구든지 일하기 싫어하거든 먹지도 말게 하라 하였더니" – 살후 3:10

**– 가족들을 부양하라.**

"누구든지 자기 친족 특히 자기 가족을 돌보지 아니하면 믿음을 배반한 자요 불신자보다 더 악한 자니라" – 딤전 5:8

**– 고용주에게 순종하고 복종하는 직장인이 돼라.**

"종들아 모든 일에 육신의 상전들에게 순종하되 사람을 기쁘게 하는 자와 같이 눈가림만 하지 말고 오직 주를 두려워하여 성실한 마음으로 하라" – 골 3:22

**– 의롭고 공평한 고용주가 돼라.**

"상전들아 의와 공평을 종들에게 베풀지니 너희에게도 하늘에 상전이 계심을 알지어다" – 골 4:1

– 탁월한 수준으로 일을 하라.

"무슨 일을 하든지 마음을 다하여 주께 하듯 하고 사람에게 하듯 하지 말라"

– 골 3:23


# 요한계시록

"그러므로 네가 본 것과 지금 있는 일과 장차 될 일을 기록하라" – 계 1:19


요한계시록은 지중해 지역 밧모섬으로 귀양 간 사도 요한이 주후 96년경 소아시아의 일곱 교회에 보내는 말씀과 모든 성도들에게 보낸 예수 그리스도의 계시를 담은 기록이다. 요한은 고난받는 교회들을 위로하고 그들의 미덕을 높이지만 교회의 부족한 점은 날카롭게 비판하였다.

요한에게 내려진 환상은 하늘로 바뀌며 그곳에는 많은 사람들과 피조물에 둘러싸여 끝없는 찬양을 받으시는 하나님이 보좌에 앉아 계셨다. 그 곁에 서있던 어린 양이 두루마리를 열고 하나님의 구속 사역의 목적과 구원받은 자들과 구원받지 못한 자들의 최후를 보여주고 있다. 요한은 자기가 본 것들과 지금 있는 것들과 이후에 있을 것들을 기록하면서 그리스도의 환상, 교회의 심판, 교회의 휴거 이후 이 땅에 남은 이스라엘과 이방민족들의 7년 환난기, 천년왕국, 하나님의 승리와 사탄의 패배, 새 하늘과 새 땅과 새 예루살렘을 기록한다.

## (1) 천년왕국

교회 들리움과 7년 환난 이후 예수 그리스도가 최후의 심판 이전에 지상에 재림하여 천년 동안 통치되는 그리스도의 왕국이다. 천년 이후 매였던 사탄이 풀려나지만, 궁극적으로 사탄은 영원한 불못에 던지어지며 생명책에 기록되지 않는 사람들 역시 지옥 불에 던지어진다.

"그리스도와 더불어 천 년 동안 왕 노릇 하니" – 계 20:4 (계 20:12 계 21:8)

## (2) 새 예루살렘

천년왕국 이후 만물이 새롭게 되고 새 하늘과 새 땅이 나타나고 새 예루살렘이 하늘에서 내려왔다. 하나님께서 만드신 거룩한 도시 새 예루살렘은 신구약 성도들이 가기를 바란 천국이다. 도시에는 생명의 강이 흐르고 생명나무가 있다. 천국은 눈물과 죽음도 아픔도 죄도 없는 아름다운 곳이다.

"또 내가 새 하늘과 새 땅을 보니 처음 하늘과 처음 땅이 없어졌고 바다도 다시 있지 않더라 또 내가 보매 거룩한 성 새 예루살렘이 하나님께로부터 하늘에서 내려오니 그 준비한 것이 신부가 남편을 위하여 단장한 것 같더라"
– 계 21:1,2

그의 환상은 예수님의 말씀으로 끝이 났다.

"원하는 자는 값없이 생명수를 받으라!

내가 진실로 속히 오리라!"

그리고 요한은 응답하였다.

"아멘, 주 예수여, 오시옵소서!"

(계 22:3,17,20)

5

# 성경 번역과 심판

## 성경 번역

"예언은 언제든지 사람의 뜻으로 낸 것이 아니요 오직 성령의 감동하심을 받은 사람들이 하나님께 받아 말한 것임이라" – 벧후 1:21 (딤후 3:16)

성경은 사람이 썼으나 성령님의 감동으로 하나님의 말씀을 받아 기록되었다. 하나님의 말씀인 성경은 최초의 원본에서 사본으로 보존되며, 이 세상을 창조하신 하나님의 뜻을 지구상의 많은 민족의 언어들로 알려주신다.

구약성서에 처음 기록된 언어는 히브리어(다니엘과 에스라 일부는 아람어)이다. 헬라시대 프톨레미 왕조 때 알렉산드리아에서 히브리어 구약성서가 헬라어로 번역된다.

신약성서를 처음 기록한 언어는 헬라어(그리스어)이다. 로마 콘스탄틴 왕 때 제롬(Jerom)의 라틴 벌게이트((Latin Vulgate) 성경이 번역된다. 위클리프(John Wycliffe)는 1384년 라틴어 성경을 중세 영어로 번역하였으며, 에라스무스(Desiderius Erasmus)는 1516년 그리스어 신약성경을 번역하였다.

마틴 루터는 1522년에 에라스무스의 헬라어 신약성경을 독일어로 출간하고, 구약성서는 1534년 독일어로 출간하였다. 이 번역본은 당시 소수 귀족과 사제들만 읽을 수 있었던 성경을 인쇄술의 발달과 맞물려 널리 보급될 수 있었고, 진리의 말씀을 접한 성도들이 점차 늘면서 종교개혁이 가속됐다.

1500년대 영국에서는 여전히 라틴어 성경이었으며, 가톨릭 교회의 허락 없이 성경을 번역하는 것은 불법이었기에 라틴어를 모르는 대부분의 영국인은 성경을 읽을 수 없었다. 이런 중에 위클리프, 에라스무스, 그리고 루터에게 영향을 받은 틴데일(William Tyndale, 1494~1536)은 "성경을 직접 읽지 않으면 진리를 알 수 없다"라며 목숨을 걸고 히브리어 원전과 그리스어 원전으로 영어 성경을 번역한다.

그는 1526년 신약을 번역하여 출판했고, 구약을 번역하던 중에 체포되었다. 1536년 빌보르드 성 화형대에서 로마 가톨릭의 절대 권력에 맞설 수 있는 것은 왕뿐이었기에 "주여, 영국 왕의 눈을 열어주소서!"라고 외친 후 화형을 당하던 중에 목이 졸렸고, 연달아 화형을 당하며 순교했다.

킹제임스 성경은 영국 제임스 왕(재위 1603~1625)의 지시로 당대의 석학 50여 명이 7년간 히브리어 마소라 원문, 그리스어 정통 원본, 헬라어 표준 원문, 틴데일 성경 등을 비교하여 1611년 번역이 완성되었다. 지금은 '성경'을 누구나 편하게 구해 읽을 수 있지만 믿음의 위인들의 끝없는 희생이 있었음을 알 수 있다.

## 한글 성경 처음 번역 (창조주 신의 칭호와 이름)

우리나라 최초의 한글 성경은 한문 성경에서 번역되었다. 1882년 중국 심양 문광서원에서 스코틀랜드 연합장로교 존 로스(John Ross)와 존 매킨타이어(John Macintyre) 선교사가 이응찬, 서상륜, 백홍준 등과 함께 신약성서를 번역하였다.

창조주 신(神)의 칭호는 중국어 성경 '神, 上帝'를 누가복음에서는 하느님, 요한복음에서는 하나님으로 번역하였다. 일본에 있던 이수정은 1885년 마가복음서 언해(諺解)시 로스가 하나님으로 번역한 것을 신(神)으로 번역하고 한글로 토를 달았다.

그 후 1887년 언더우드(Horace Grant Underwood), 아펜젤러(Henry Gerhard Appenzeller), 알렌(Horace Newton Allen), 스크랜튼(William Benton Scranton) 등이 한국어 성서번역위원회를 발족하여 본격적으로 번역 작업을 시작한다.

창조주 신(神)의 번역이 처음에는 '참신'으로 채택되었으나, 1894년 다시 '천주(天主)'로 번역하기로 결정된다. 그러나 대다수의 서양 선교사들은 '하나님'을 요구하였다. 그 후 '천주'와 '하나님'이 공존하다가 1906년부터 하나님이 채택되어 사용되고 있다.

창조주 신(神)의 주요 언어별 칭호는 히브리어는 Elohim, 헬라어는 Theos, 라틴어는 Deus, 독일어는 Gott, 영어는 God, 일본어는 Kami(神) 등으로, 창조주 하나님은 각 나라의 문화 등에 따라 가장 높여 호칭된다.

창조주 신(神)의 이름이 '여호와'가 된 것은 언제부터일까?

야곱의 자손 70여 명은 요셉이 총리로 있는 애굽에 정착하여 400여 년이 흐르며 그 수는 이스라엘 민족으로 번성한다. 애굽 힉소스 왕조에서 요셉을 알지 못하는 아모스 왕조가 세워지며 이스라엘 민족은 더욱 억압당한다. 유아 학살을 지시한 투트모세 1세 때에 모세가 태어나지만 모세는 바로 공주의 사랑으로 궁전에서 성장하게 된다. (출 1:22)

모세가 40세에 자기 백성을 구하기 위해 나서지만, 백성들의 거부로 모세는 미디안으로 피신하여 미디안 제사장 딸과 결혼하여 그곳에서 장인 이드로의 양 떼를 돌보며 40여 년을 보내게 된다. 그러던 어느 날 호렙산에서 떨기나무 불꽃으로 나타난 신의 사자가 모세에게 애굽으로 가서 노예로 고생하는 이스라엘 민족을 구출하라고 명하나 모세는 곧 순종하지 못하고 신의 이름을 묻는다.

모세의 물음에 신은 "나는 스스로 있는 자니라"라고 말씀하시며 "너희 조상에게는 전능의 하나님으로 나타났으나 나의 이름은 여호와임"을 밝히신다. (출 3:13,14 출 6:2,3)

신명사문자(神名四文字, Tetragrammaton)
'יהוה'(히브리 문자는 우에서 좌로 쓰나, 여기서는 좌에서 우로 씀)
'Yod 요드, Hey 헤, Vav 바브, Hey 헤'는 'YHVH', 'YHWH', 'JHVH', JHWH' 등으로 축약해서 표기된다.

고대 히브리 문자는 자음만 적었다. 이런 문자 특성상 유대인들은 신의 이름 역시 자음만 기록하여 그 이름을 직접적으로 발음하기를 꺼렸다. 바벨론 유배 이후 하나님의 제3계명을 범할 수도 있다는 두려움과 경건한 이름을 함부로 부르지 않으려고 신의 이름 'יהוה' 부분에서는 눈으로는 보지만 '주(主)님'이란 뜻을 가진 히브리어 'adonay 아도나이'로 읽고, ('יה yah 야'로만 표현하기도 함, '히 halleluyah 할렐루-야'의 뜻은 'Yah(창조주) 당신을 찬양합니다'임) 일상 생활에서는 하셈 Ha Shem(The name 그 이름), 아도나이 엘

로힘(나의 주 하나님)으로 대체하여 부르기도 하였다.(출 20:7)

구약성경 히브리어가 B.C. 250년경 그리스어(헬라어)로 번역 시 'יהוה'는 헬라어로 '주(主)'를 뜻하는 '퀴리오스'로 대체하여 번역된다. 이런 전통에 따라 전 세계 대부분의 성경이 '여호와'를 '주(主)'로 번역하고 있다. 영어 성경은 여호와를 'GOD' 'LORD'로 번역하며 대문자 'LORD(주)'는 언제나 여호와를 가르킨다.

마소라 학자들에 의해 히브리어 모음화 과정에서 하나님 이름 'יהוה'에도 모음이 첨가되었다. '주(主)님'이란 뜻을 가진 'Adonay'의 모음을 차용하여 자음 'YHWH'에서 모음 e-o-a를 더하여 'Yehowah' 즉 '여호와', '야훼', '야후와' 등 각 나라의 언어에 따라 발음의 차이를 보인다.

한국의 개신교에서는 중국어 성경 '야화화(耶和華, yehehua)'와 영어식 발음 'Jehovah'에서 '여호와'로 음역(音譯) 되었다. 구약 성경에서는 '여호와(יהוה)'가 약 6,700회, '엘로힘'이 약 2,500회 등장한다. '하나님(엘 EI)'의 이름은 '엘로힘', '엘엘리온', '엘샤다이', '여호와', '여호와이레', '여호와닛시', '여호와샬롬' 등 다양하다. 하나님의 이름은 하나님의 성품과 속성 그리고 특성들을 나타내신다.

예수님은 중국어 성경 '야소(耶穌 yesu)'에서 예수로 음역된다. 'Jesus(지저스)'는 라틴어 'Iesus(예수스)'와 그리스어 'Iesous(이에

수스)'이며. 이는 히브리어 'Yeshua(예슈아)'에서 왔다. 'Yeshua(예슈아)'는 'Yehoshua(예호슈아)'의 짧은 표기법에서 왔다. 예수님의 뜻은 '여호와가 구원하신다'이다. 예수님의 호칭은 '그리스도' 즉 '메시아'이다. 'Messiah'는 '신이 특별한 일을 하도록 기름부는 사람'이라는 뜻이다. 성경은 예수 그리스도를 주님으로 고백하고 있다.(요 5:43 슥 14:9 출 23:21)

기독교는 예수를 그리스도로 믿는 사람들 모두의 종교이나 흐름상 개신교만을 지칭하기도 한다. '기독(基督)'은 1636년 예수회 선교사들이 중국에 도착하여 헬라어 '크리스토스'와 서구 언어 'Cristo'를 '기리사독(基利斯督 기리쓰두)'으로 음역한 한자어의 축약본이다. 우리나라는 '그리스도'라 하였다.

우리가 부르는 '주님'은 태초에 천지를 창조하시고 지금도 우리와 함께하시며 영원까지 동행하여 주실 여호와 하나님이시며 내 죄를 위해 십자가에 죽어주시고 부활하여 우리의 처소를 준비하시고 다시 오실 주님이시다.(요엘 2:32 골 3:17)


## 하나님 (God)

하나님은 '신(神)'이라는 명칭으로 모든 사람들이 태초부터 궁금해하던 절대자이시다. 사람은 하나님이 지으신 우주 만물을 통해 하나님이 계심을 분명히 알 수 있다. 그러나 2차원의 존재가 3차원의 존재를 발견할 수 없는 것처럼 인간 스스로는 한계를 깰 수 없기에 결코 하나님을 발견하거나 제대로 이해할 수는 없다. 오직 하나님께서 자신을 계시해 주실 때 하나님을 알 수 있는데 이 역시 성경에서만 답을 찾을 수 있다.

여호와 하나님은 우리가 알지 못하는 수많은 일을 하시며 하나님을 널리 알려 말하고자 하나 너무 많아 그 수를 셀 수 없다는 것을 알 수 있다. 성경은 여호와를 자비롭고, 은혜롭고, 노하기를 더디 하고, 인자와 진실이 풍부하심을 기록하고 있다.

"여호와께서 그의 앞으로 지나시며 선포하시되 여호와라 여호와라 자비롭고 은혜롭고 노하기를 더디하고 인자와 진실이 많은 하나님이라" – 출 34:6 (시 103:8)

과학과 문명이 발달하면서 하나님은 존재하지 않는다고 주장하는 사람들도 많다. 실제로 발견할 수도, 증명할 수도 없기 때문이다. 그러나 하나님은 우리의 양심을 비롯해 세상의 모든 만물에 이미 하나님의 살아계심에 대한 증거가 충만하다고 말한다.(고전 2:9)

# 하나님의 나라 (Kingdom of God)

"또 여기 있다 저기 있다고도 못하리니 하나님의 나라는 너희 안에 있느니라"
– 눅 17:21

하나님의 나라는 하늘과 땅, 온 우주 속에서 하나님께서 통치하시는 것을 말한다. 성경은 죄 사함을 받고 예수님과 동행하는 곳이 바로 하나님의 나라임을 나타내고 있다. 하나님의 나라는 하나님께서 다스리시고 통치하시며 인간이 그의 말씀에 복종하는 상태를 의미한다. 이는 '뜻이 하늘에서 이룬 것 같이 땅에서도 이루어지이다'라는 주기도문과도 부합한다.

성경은 처음에서 끝까지 하나님은 누구시며 하나님의 백성과 하나님의 나라에 대하여 말씀해 주신다. 하나님의 창조 목적은 하나님의 왕국 건설이며, 우리를 구원하심도 하나님의 왕국을 이루기 위함이다. 에덴 동산에서 사람을 지으심도, 예수님이 이 땅에 오심도 왕국 건설에 있다. 지금은 거듭난 하나님의 자녀들이 영적인 하나님의 나라에서 하나님의 말씀을 이루어간다. 주님이 오시면 주님과 영원히 함께할 왕국은 이루어진다.

## 하늘나라 (Heavenly Kingdom)

구원받은 성도들이 일생을 마치는 날 그 영혼이 가는 곳이 바로 하나님이 계신 곳이다. 첫째 하늘은 새들과 구름이 거하는 곳이며, 둘째 하늘은 해와 달과 별이 있다. 셋째 하늘은 하나님이 계시는 곳이며 신자가 죽어서 그 영혼이 가는 곳이다.

"주께서 나를 모든 악한 일에서 건져내시고 또 그의 천국에 들어가도록 구원하시리니 그에게 영광이 세세무궁토록 있을지어다 아멘" – 딤후 4:18 (고후 12:2,4)

## 지옥 (Hell)

지옥은 '스올'이라는 히브리 말과 '하데스' '게한나'라는 그리스말을 번역한 것으로 성경에 54회 등장한다. 54회 중 반 이상은 스올로 음역하고 신약에서는 지옥과 함께 '음부'로 번역했다. 지옥은 하나님의 심판이 있는 지하세계 땅의 심장부에 있는 땅의 감옥이다.

"몸은 죽여도 영혼은 능히 죽이지 못하는 자들을 두려워하지 말고 오직 몸과 영혼을 능히 지옥에 멸하실 수 있는 이를 두려워하라" – 마 10:28

(눅 16:23,24 마 12:39,40 마 18:8,9 마 23:33 엡 4:9,10 계 19:20 계 21:8)

## 심판 (Judgments)

### (1) 인류의 죄를 위한 십자가의 심판

사람은 누구나 죄인이며 그 죄에 대한 심판을 받아야 한다. 예수님께서는 갈보리 언덕에서 인류의 죄에 대하여 십자가에서 대신 받으셨다. 이 사실을 믿는 자는 '칭의'를 얻지만 믿지 않는다면 자기 죄에 대하여 심판을 받게 된다.

> "내가 진실로 진실로 너희에게 이르노니 내 말을 듣고 또 나 보내신 이를 믿는 자는 영생을 얻었고 심판에 이르지 아니하나니 사망에서 생명으로 옮겼느니라" – 요 5:24 (롬 8:1,2 롬 10:4)

### (2) 그리스도 심판대에서 성도들의 심판

예수님의 공중 재림으로 교회의 들림 받은 뒤 하늘의 그리스도 심판대에서 성도들의 행위 심판으로 보상을 받는다.

> "이는 우리가 다 반드시 그리스도의 심판대 앞에 나타나게 되어 각각 선악간에 그 몸으로 행한 것을 따라 받으려 함이라" – 고후 5:10 (살전 4:17 고전 3:12~15)

### (3) 이방 민족의 심판

7년 환난기에 유대인을 대상으로 예루살렘과 그 근방에서 심판이 이루어진다. 그들은 환난을 당하나 그 결과 회심하여 그리스도를 메시아로 받아들인다.(슥 13:8,9 슥 12:10)

환난이 끝나며 예수 그리스도의 지상 강림 때 이방인들이 여호사밧 골짜기에서 심판받는다. 환난기에 유대인들을 어떻게 대우했는가? 이며 심판 결과 양 민족 사람은 구원을 받고 염소 민족 사람들은 멸망을 받는다.

"보라 그 날 곧 내가 유다와 예루살렘 가운데에서 사로잡힌 자를 돌아오게 할 그 때에 내가 만국을 모아 데리고 여호사밧 골짜기에 내려가서 내 백성 곧 내 기업인 이스라엘을 위하여 거기에서 그들을 심문하리니 이는 그들이 이스라엘을 나라들 가운데에 흩어 버리고 나의 땅을 나누었음이며" - 욜 3:1,2 (마 25:45,46)

### (4) 크고 흰 보좌 앞에서 심판

하늘과 땅이 사라진 뒤 하늘의 크고 흰 보좌 앞에서 예수 그리스도 밖에서 죽은 자들의 악한 행위에 따라 심판받는 것이며 그 결과 불못에 던져진다. 이 심판은 천년이 지난 뒤에 일어난다. 여기 참여하는 자들은 둘째 사망에 이르며 불 호수에서 영원토록 고통받는다.

"또 내가 크고 흰 보좌와 그 위에 앉으신 이를 보니 땅과 하늘이 그 앞에서 피하여 간 데 없더라 또 내가 보니 죽은 자들이 큰 자나 작은 자나 그 보좌 앞에 서 있는데 책들이 펴 있고 또 다른 책이 펴졌으니 곧 생명책이라 죽은 자들이 자기 행위를 따라 책들에 기록된 대로 심판을 받으니 바다가 그 가운데에서 죽은 자들을 내주고 또 사망과 음부도 그 가운데에서 죽은 자들을 내주매 각 사람이 자기의 행위대로 심판을 받고 사망과 음부도 불못에 던져지니 이것은 둘째 사망 곧 불못이라 누구든지 생명책에 기록되지 못한 자는 불못에 던져지더라" – 계 20:11~15

# 제4장

# 전도 이야기

"존귀한 자는 존귀한 일을 계획하나니
그는 항상 존귀한 일에 서리라"
- 사 32:8

# 1

# 우리의 관심사

## 짧은 생애 중요한 선택

인간의 생애는 보통 70년에서 80년, 아주 장수하면 100년이 조금 넘는다. 인생 전부를 놓고 보면 매우 긴 것 같지만, 정작 우리가 살아보면 세월이 화살보다 빠르다고 느낄 때가 많다. 10대 때는 언제 어른이 되고 가정을 꾸리게 될까 생각을 하다가도 어느새 훌쩍 나이가 들어 세상에 덩그러니 놓여 있는 스스로를 발견하게 된다. 성경은 여러 곳에서 우리 인생은 참 짧고 덧없음을 말하고 있다.

"내일 일을 너희가 알지 못하는도다 너희 생명이 무엇이냐 너희는 잠깐 보이다가 없어지는 안개니라" – 약 4:14

"우리의 연수가 칠십이요 강건하면 팔십이라도 그 연수의 자랑은 수고와 슬픔뿐이요 신속히 가니 우리가 날아가나이다" – 시 90:10

"인생은 그 날이 풀과 같으며 그 영화가 들의 꽃과 같도다 그것은 바람이 지나가면 없어지나니 그 있던 자리도 다시 알지 못하거니와" – 시 103:15,16

"이 세상도, 그 정욕도 지나가되 오직 하나님의 뜻을 행하는 자는 영원히 거하느니라" – 요일 2:17


우리는 출생을 통하여 이 땅에서의 삶이 시작되었으며, 영원이란 시간에 비하면 한 점과 같은 짧은 시간이라 할 수 있는 생을 살다가 누구나 죽음을 맞이한다. 성경은 이 짧은 삶 속에서 아주 중요한 두 가지의 선택을 하게 된다는 사실을 말하고 있다.

그 선택의 하나는 어디서 영원을 보내느냐? 이다.
이것은 에베소서 2장 8절 "너희는 그 은혜에 의하여 믿음으로 말미암아 구원을 받았으니 이것은 너희에게서 난 것이 아니요 하나님의 선물이라"라는 말씀에서 주님을 믿음으로 이미 결정되었다. 그것은 예수님을 믿는 우리는 하나님과 함께한다고 약속하셨기 때문이며 우리는 모두 천국의 길을 걷고 있다

또 하나는 우리가 가는 천국에서 어떤 영원을 보내느냐? 이

다. 그것은 하나님이 우리 모두에게 선물로 주신 오늘을 어디에 가치를 두고 어떻게 살아가는가에 따라서 영원 세계에서 어떻게 사느냐가 결정된다. 그것은 하나님께서 히브리서 11장 6절 "믿음이 없이는 하나님을 기쁘시게 하지 못하나니 하나님께 나아가는 자는 반드시 그가 계신 것과 또한 그가 자기를 찾는 자들에게 상 주시는 이심을 믿어야 할지니라"라는 말씀을 통해 믿음을 가지고 지혜롭게 사는 사람에게 상 주실 것을 약속하셨기 때문이다. 하나님은 나와 함께 계시며 내가 행한 날들을 셈하여 상 주시는 하나님을 믿을 때 우리는 더 진지하고 최선을 다하는 삶을 살기 위한 동기를 갖게 된다.

요한계시록 3장 11절은 "네가 가진 것을 굳게 잡아 아무도 네 면류관을 빼앗지 못하게 하라"라고 경고하고 있으며, 에베소서 2장 10절 "선한 일을 위하여 지으심을 받은 자"라는 말씀에서 그리스도인들이 선한 일에 열심을 내도록 하는 것이 하나님의 계획임을 알 수 있다. 이는 하나님의 영적 상급이 우리의 선행과 밀접한 관계가 있다는 것이다.

### (1) 전도함으로 얻게 되는 자랑의 면류관

"우리의 소망이나 기쁨이나 자랑의 면류관이 무엇이냐 그가 강림하실 때 우리 주 예수 앞에 너희가 아니냐" – 살전 2:19

### (2) 고난에도 하나님을 놓지 않을 때 얻는 생명의 면류관

"시험을 참는 자는 복이 있나니 이는 시련을 견디어 낸 자가 주께서 자기를 사랑하는 자들에게 약속하신 생명의 면류관을 얻을 것이기 때문이라" – 약 1:12 (계 2:10)

### (3) 죄를 멀리하고 삶을 연단하는 사람이 얻는 썩지 않는 면류관

"이기기를 다투는 자마다 모든 일에 절제하나니 그들은 썩을 승리자의 관을 얻고자 하되 우리는 썩지 아니할 것을 얻고자 하노라" – 고전 9:25

### (4) 사람들을 하나님께 인도하고 양육하는 사람들이 얻게 되는 영광의 면류관

"너희 중에 있는 하나님의 양 무리를 치되 억지로 하지 말고 하나님의 뜻을 따라 자원함으로 하며 더러운 이득을 위하여 하지 말고 기꺼이 하며 맡은 자들에게 주장하는 자세를 하지 말고 양 무리의 본이 되라 그리하면 목자장이 나타나실 때에 시들지 아니하는 영광의 관을 얻으리라" – 벧전 5:2~4

### (5) 예수님의 재림을 사모하며 살아가는 사람들이 얻는 의의 면류관

"이제 후로는 나를 위하여 의의 면류관이 예비되었으므로 주 곧 의로우신 재판장이 그 날에 내게 주실 것이며 내게만 아니라 주의 나타나심을 사모하는 모든 자에게도니라" – 딤후 4:8

이 면류관들은 엄청난 기적을 경험하거나 영웅적인 믿음을 가질 때 얻게 되는 것이 아니라, 하나님이 주신 오늘을 소중히 여기며 말씀대로 행할 때 모든 성도들이 얻을 수 있는 상급이라는 사실은 놀라운 하나님의 섭리이자 배려라고 생각한다.

성경에서 상급 문제를 거듭 경고하며 강조하는 것은 잠시 있는 것들이 아니라 영원한 가치 있는 것들에 우리의 삶을 투자하라는 동기를 주기 위함이다. 그리고 분명 우리는 오늘도 우리 앞에 닥쳐올 큰 사건인 죽음을 향해 쉼 없이 걸어가고 있다. 성경에서 추정하는 인간의 평균 수명을 70세로 보고 현재의 나이를 뺀다면 우리는 모두 죽음과 지척간에 있음을 알 수 있다. 우리에게 남은 시간, 하나님이 우리를 부르실 때까지 남은 생애를 어디에 관심을 두고 살아야 하는지 스스로 묻고 답해야 한다. 하나님은 우리에게 주신 시간을 어떻게 사용했는가를 보신다.(고후 5:10)


## 우리의 관심사

성경 히브리서 12장 2절, 히브리서 11장 24~26절에서 예수님과 모세의 삶에서 영원한 것에 관심을 두었다는 것을 알 수 있다. 그러면 우리는 더욱 영원한 것에 관심을 두어야 하며 고린도후서 5장 10절은 하나님께서 우리에게 맡겨주신 청지기 임무에 대하여 계산한다고 말씀하신다. 그리스도의 심판대는 신자들만이 서는 곳이다. 그리고 바울과 베드로는 이 사실에 대하여 주의와 경고를 하고 있다.

우리는 살면서 종종 "인생을 산다. 삶을 살아간다"라고 말하지만 사실은 주어진 하루하루를 보낼 뿐이다. 눈을 떴기에 우리에게 주어진 하루를 산다고 생각하면 100년이 아닌 1000년을 살아도 덧없고 의미 없는 삶이지만, 내게 주어진 매 순간을 하나님이 주신 선물로 귀하게 여기며 말씀을 실행하려 노력하는 사람은 단 하루를 살아도 세상을 더 아름답게 만들고 주변 사람들에게 예수님의 향기를 베풀게 된다. 우리의 인생은 오늘이라는 하루가 모여 만들어지는 도미노와 같다.

이 소중한 오늘, 우리는 무엇에 관심을 가지며 살아가야 할까?

하나님을 기쁘시게 하는 모든 일, 예수님을 알아가고 본받는 삶, 영원한 하나님을 찾고 하나님을 나타내는 일, 영원한 생명을 가진 사람에게 관심을 가지며 투자한다면 오늘 하루도 의미 있는 삶이 될 것이다. 성경은 잠깐 보이다가 없어지는 안개와 같은 짧은 이 세상을 사는 동안에 우리가 어디서 어떤 영원을 보낼 것인가를 결정한다고 하며, 한 번뿐인 우리의 생애를 결코 잘못된 것들과 바꾸지 말 것을 말씀한다. 보이는 것은 잠깐이며 보이지 않은 것은 영원하다. 우리의 관심은 보이지 않는 것에 있어야 한다. 보이지 않는 것을 보는 것이 믿음이다.

"우리가 주목하는 것은 보이는 것이 아니요 보이지 않는 것이니 보이는 것은 잠깐이요 보이지 않는 것은 영원함이라" – **고후 4:18 (요 6:27)**

# 예수님의 지상 명령

"그러므로 너희는 가서 모든 민족을 제자로 삼아 아버지와 아들과 성령의 이름으로 세례(침례)를 베풀고 내가 너희에게 분부한 모든 것을 가르쳐 지키게 하라 볼지어다 내가 세상 끝날까지 너희와 항상 함께 있으리라 하시니라" – 마 28:19,20

위 말씀은 '예수 그리스도의 지상명령(至上命令)'이라고 불린다. 부활하신 예수님이 승천을 앞두고 갈릴리에서 열한 제자를 산으로 부르신 뒤 승천하시기 전 가장 마지막으로 남기셨다고 알려진 명령이기 때문이다. 부활하신 예수님은 하늘과 땅의 모든 권세를 하나님으로부터 위임받으셨다고 말씀하셨고, 제자들의 사명을 위해 필요한 모든 능력을 주시겠다고 하셨다. 그리고 그 능력을 바탕으로 무엇을 해야 할지 위의 말씀으로 분명하게 전달하셨다.(요 20:21)

우리의 사명은 이 땅에서 예수님의 사명을 이어가는 것이다. 예수 그리스도의 지상명령 당시 산에 있던 열한 제자가 아니더라도 스스로 예수님의 제자라고 생각한다면 "모든 족속을 제자 삼아 내가 너희에게 분부한 모든 것을 가르치라"라고 하신 말씀을 지키며 세상 끝 날까지 항상 함께하실 예수님의 약속을 믿어야 한다.

당시 예수님의 제자로 따른 자들은 자기의 일과 가정을 떠나 훈련에 임하고 사명을 감당하였다. 지금은 특별히 부르심을 받고 사명을 감당하는 자도 있으나 일반적으로 가정을 소중히 여기며 주님의 사명을 감당하고 있다. 특히 직장인 평신도인 경우 직장의 일도 하나님이 주신 소중한 일이므로 일상에서 주님을 나타내며 하나님께 영광 돌리는 일은 소중하다.

사도행전 11장 26절 말씀에 따르면, 안디옥교회에서 제자들의 믿음을 본 사람들이 비로소 그리스도인이라 처음 일컬음을 받는다. 그리스도인으로 성실히 일상에 임하며 예수님의 유언과도 같은 부탁의 말씀을 이루어 간 제자들의 숭고한 복음 전도 운동과 믿음의 여정을 찾아본다.


## 제자들의 선교 사명

예수님의 제자들은 예수님이 십자가에서 죽음 후 장사한 지 3일 만에 부활하시어 유훈을 남기고 40일 후 승천하심을 믿고 예수는 메시아(그리스도)라는 믿음이 탄생했는데 이것이 그리스도교(기독교)이다. 예수님의 제자들이 전파한 그리스도교는 박해를 받으면서도 예루살렘에서 각 지역을 중심으로 힘차게 전파되었다. 예수님의 열한 제자 중 신약의 많은 서신서와 하나님 구원 계획의 엄청난 비밀을 남겨준 바울 사도를 만나 본다.

바울은 유대인으로 길리기아 다소에서 성장하던 중 율법을 더 배우기 위해 예루살렘 바리새파 거물인 가말리엘 1세 문하에서 율법과 유대교 사상을 엄히 배웠다. 오순절 성령 강림 이후 많은 유대인과 이방인들이 회개하고 기독교로 돌아오자 유대 지도자들은 예수님 제자들의 주장들을 수집, 분석하게 되었다고 볼 수 있다. 이때 바울도 이 주장들을 듣고 부끄럽게 생각하고 초대 기독교를 탄압하는 데 앞장섰다. 왜냐하면 사도들이 전하는 복음 내용이 허무맹랑하다고 생각했기 때문에 그들을 박해했다고 추정된다.

자칭 메시아라고 주장하다 정치범으로 십자가에서 처형된 갈릴리 청년 예수를 따르던 제자들의 주장은, 「죽었던 예수가 무덤 속에서 부활하였으며, 승천하여 하나님 우편에 가셨으며, 이런 예수를 하나님의 아들이며, 그리스도이시라 고백하고 믿으면 구원을 얻을 수 있다」는 것이다. 인간이 부활 승천하여 하나님의 아들이 될 수 없으며, 인간이 인간의 죄를 하나님을 대신하여 사해 줄 수도 없는 것이며, 누구나 예수를 믿기만 하면 하나님의 구원을 얻을 수 있다고 주장한 것은 선민 유대인에 대한 도전이며 허무맹랑한 것이기 때문이다. 그렇다면 논리적이고 유대교 사상과 율법을 공부한 엘리트 청년 바울이 왜 이같이 불가능한 주장을 받아들였으며 예수님의 지상명령을 깨닫게 되었을까?

이날도 이러한 주장을 하는 그리스도인들을 체포하여 예루살렘으로 잡아 넘기기 위하여 다메섹으로 가던 중 바울은 다메섹 도상에서 불가능한 현실에 직면했다. 죽었다고 믿었던 예수가 빛 가운데 영광스러운 모습으로 그에게 나타난 것이다. 그 순간 바울은 시력을 잃었지만, 생전의 예수님을 만난 것처럼 너무나 생생했다. 이제 바울은 불가능한 것이 현실화되었음을 깨닫고, 불가능한 일을 가능하게 만드시는 창조주 하나님의 구원 역사를 이해하고, 그 깨달음을 설명하는 사명자로 바뀌게 된다.(행 22:3~5 행 9:4,5)

주님이 천하 권세를 동원하여 이 땅에 하나님의 나라를 건설하려는 것임을 깨달은 바울은 교회를 구성하는 성도들이 이 일을 위하여 그리스도의 지체가 되어 헌신해야 하며, 바울도 자신을 부인하고 십자가를 지라는 주님의 말씀을 전승으로 듣고 이를 실천하였다

"또 만물을 그의 발 아래에 복종하게 하시고 그를 만물 위에 교회의 머리로 삼으셨느니라 교회는 그의 몸이니 만물 안에서 만물을 충만하게 하시는 이의 충만함이니라" - 엡 1:22,23 (엡 4:13 빌 2:5~11)

바울은 로마가 세운 도로, 디아스포라들이 세운 회당, 로마제국 내 주요 거점 도시를 효율적으로 활용하여 안디옥을 시작으로 지중해, 그리스, 고린도 등 1, 2, 3차에 걸쳐 도보로 8천5백여

km, 항해로 4천5백여 km, 총 13만 km 이상의 전도 여행을 다녔다. 또한 죄수의 몸으로 로마에 호송되어서도 복음을 전하고 선교 사명을 이루어 갔다. 로마 대화재로 기독교인이 탄압되자 베드로와 바울은 로마에서 순교한다. 그 외 사도들도 여러 지역으로 흩어져 예수님의 복음을 전하며 순교의 길을 걸었다.(롬 1:16,17)

예수님의 지상(至上)명령 즉, 더 할 수 없이 가장 높은 명령은 '가서 복음을 전하여 죽어가는 영혼을 살리고 그들을 초신자가 아니라 주님께서 분부하신 모든 것을 가르쳐 그리스도의 장성한 분량에 이르게 하는 것'이다. 이를 이루기 위해서는 나 자신이 먼저 성숙한 제자가 되어 전도의 현장으로 가서 복음을 전하여 구원을 시켜야 한다. 복음 전도는 회심자를 얻는 것과 함께 그를 가르쳐 제자로 성장시키는 훈련과정이기도 하다. 제자로 따르는 삶은 구원받은 자로서 제자의 삶을 원하여 예수님의 삶을 따르는 삶이다.

# 2
# 기독교의 전래와 초기 선교

## 기독교의 전래

기독교(그리스도교)는 사도들에 의해서 각 지역을 중심으로 복음이 전해지며 성장했다. 바울과 베드로가 순교한 로마 교회는 복음의 중심이 되었다. 기독교는 예수님의 죽음과 부활에 신앙을 둔 종교로서 대략 주후 90년 이후부터 예수님이 부활하신 일요일에 예배가 열리며, 유대교와 별개의 종교로 복음을 전한다. 초기 기독교회는 로마의 큰 박해를 받으며 신앙을 유지하던 중 콘스탄틴 황제 재위 기간 주후 313년 '밀라노칙령'을 내려 기독교를 공인하고 보호하게 되나 주후 331년 가톨릭(보편적) 신앙에 복종하라는 다른 칙령도 내려진다.

서유럽 로마교회에서 동부지역에 콘스탄티노플 교회가 세워진다.(도시는 역사의 변천에 따라 그리스 시대에 비잔티움, 로마 시대에 콘스탄티노플, 오스만 터키 시대에 이스탄불로 불렸다. 터키 수도는 앙카라로 옮겨졌지만 이스탄불은 여전히 터키 최대의 도시이다) 세월이 지나며 동·서 지역의 전례, 문화, 언어 등의 차이가 생겨 1054년 두 교회로 분열되어 동유럽의 많은 가톨릭교회들은 스스로 '정교회'라 불렀다. 중세 유럽은 대략 A.D. 500~1500년을 영의 세계가 빛을 잃었던 중세 암흑시대로 표현된다.

1517년 루터가 로마 교황청의 면죄부 판매를 비판하며 쓴 95개 항의문은 종교개혁을 촉발하게 된다. 루터는 오직 성경 말씀으로(Sola Scriptura), 오직 믿음으로(Sola Fide), 오직 은혜로(Sola Gratia) 구원받음을 강조한다. 루터의 반박문으로 시작된 개혁의 물결은 전 유럽으로 퍼지며 독일에서는 루터(Martin Luther), 프랑스에서 칼빈(Jean Calvin), 영국에서 녹스(John Knox), 쯔빙글리(Ulrich Zwingli) 신부(사제)가 등장하며, 후일 프로테스탄트로 불리는 새로운 교파들이 생겨났다. 루터에서 루터교, 칼빈과 녹스에서 장로교, 영국교회는 교황과 단절하여 성공회가 되며 성공회 웨슬리 신부 제자들은 미국에서 감리교를 설립한다. 침례교는 유럽에 뿌리를 두며 미국으로 건너가 큰 교단으로 정착한다.

기독교 복음의 큰 흐름은 예루살렘에서 시작되어 소아시아, 이탈리아, 유럽, 미국, 동남아를 비롯한 여러 지역으로 전파된다. 기독교는 개혁에서 시작되어 신학적 차이, 관점, 여러 이유로 분열이 거듭된다. 그리스도교는 예수 그리스도 안에서 일치를 이루기 위한 노력과 함께 종파별 개혁과 발전을 이루고 있다.

## 기독교의 동양 전래

경교(景教, 네스토리우스교)는 635년 중국(당 태종)에서 포교하나 민중 종교로 발전하지 못한다. 그러다가 원대에 흥하지만, 명나라 때 다시 시들고 만다. 통일신라시대 친당(몽고) 정책으로 경교의 한국 전래 가능성을 추정하기도 한다. 예수회는 16세기 종교개혁에 대항하여 유럽의 지식인으로 시작되어, 1541년 인도에 진출한 후 일본 선교도 시작된다. 로마 교황청은 1568년 예수회를 주축으로 중국 선교에 착수하여 이후 북경에 교회를 세우게 된다.

개신교의 동양 선교는 18세기 말에 본격화된다. 영국인 윌리엄 캐리(William Carrey)의 인도 선교(1793), 영국인 모리슨(Robert Morrison)의 중국 선교(1807), 미국인 저드슨(Adoniram Judson)의 버마 선교(1812), 스코틀랜드인 밀른(William Milne)의 마카오 선교

(1813)가 이 무렵 이루어진다.


## 한국 개신교의 수용 과정

### (1) 한국 복음화를 소망한 초기 선교사

한국에 온 첫 번째 개신교 목사는 1832년 네덜란드선교회에서 파송한 유대계 독일인 카를 귀츨라프(Karl Friedrich August Gützlaff)이다. 모리슨의 중국 집에 머물며 영국의 동인도회사 소속 선박에 통역 겸 의사로 동승하여 황해도, 충청도 해안을 답사하였고, 감자 씨를 주어 재배 방법을 가르쳐 주었으며, 한문 성경을 나누어 주고 주기도문을 한자로 써주기도 하였으나 체류를 허락받지 못하였다.

19세기에 들어서서 중국에서 개신교 선교 활동을 하던 귀츨라프, 윌리엄슨(Alexander Williamson), 토마스(Robert Jermain Thomas) 목사는 한국의 복음화에 간절한 소망을 가지고 있었다. 스코틀랜드 장로교회는 1872년 매킨타이어에 이어 로스를 중국으로 파송하였다.

로버트 J. 토마스 선교사는 런던선교회에서 파송되었으며 1863년 7월 상해에 도착하여 선교 활동 중 한국에 대한 선교를 소망하였다. 토마스 선교사는 한국 선교에 깊은 관심을 가지고 있던 윌리엄슨의 지원을 받아 한문 성경을 가지고 범선을 타고 중국에 온 천주교인 두 사람과 1865년 8월 황해도 해안에 들어와 2개월 반 동안 체류하면서 언어를 습득하며 성경을 나누어 주며 선교 활동을 벌이다 북경으로 되돌아갔다. 당시 조선은 쇄국정책으로 인해 포교는 위험을 감당하는 일이었다.

　토마스는 1866년 8월 조선으로 향하는 미 상선 제너럴셔어먼호에 편승하여 다시 평양 대동강에 도착하지만, 외세를 배격하는 군인들에 의해 화공 공격 등으로 배가 불탄다. 토마스는 성경 몇 권을 품에 안고 뭍에 오르지만 1866년 9월 2일 27세의 나이로 복음을 알지 못하는 땅 평양의 대동강가에서 순교의 피를 흘렸다.

　후일 토마스를 참수한 박춘권은 참회하고 가족이 함께 예수님을 믿고 평양 부흥에 헌신한다. 또한 토마스에게 받은 성서로 방을 도배했던 집은 널다리교회(후. 장대현교회)가 되었다. 이렇듯 한 알의 밀알이 된 토마스 선교사가 흘린 순교의 피는 한국 선교와 한국교회 부흥에 초석이 되었다.

　존 로스 선교사는 1875년 중국 심양에 선교부를 설치하고 이듬해 동관교회를 설립하였다. 로스는 조선의 변경지역인 만주 통화현 고려문에서 만난 조선 상인에게 조선 정세와 조선인의 발음을 배울 수 있었다. 로스는 그 상인에게 한문 신약성서를 건네주었다. 성경을 받은 그 상인은 자신의 아들과 친구에게 성서를 주어 읽게 하였다. 그는 조선 개신교 최초 수세자 백홍준의 부친이다. 1876년 3월 강화도조약으로 한국의 문호 개방 소식에 로스는 의주 상인 이응찬을 만나고 그의 도움을 받으며 조선의 풍속과 역사에 관한 책 출판과 함께 성서번역에 착수한다.

로스는 선교의 문이 열릴 때를 바라보며 한글성서 전권 번역을 계획하고 감독하였으며, 실제 번역은 한문 성서를 대본으로 한국인 개종자들에 의해 이루어졌다. 이응찬은 신약성서 절반 이상을 번역, 수정하다가 1883년 콜레라에 걸려 사망하였다. 스코틀랜드 성서공회에서 인쇄를 지원하여 일본 요코하마에서 주조된 3만5,563개의 음절별 한글 연활자가 도착하고, 인쇄기는 상해에서 구입하였다. 서상륜, 이응찬, 백홍준에 의해 1879년 누가복음을 시작으로 1887년에 한글 최초의 신약성서 「예수성교전서」 총 5,000부가 발행되었다.

### (2) 기독교 첫 세례자와 자생교회

한국에는 기독교(개신교) 이전에 중국을 왕래하던 사람들에 의해 천주교가 전해지게 되나, 유교문화와 배치된다는 이유로 많은 어려움을 당한다. 천주교 최초 세례자는 1784년 2월 북경 예수회 소속 그라몽(Jean-Joseph de Grammont) 신부로부터 세례받은 이승훈(李承薰)이며 세례명은 베드로이다. 기독교로 첫 세례를 받은 사람은 1874년 만주에서 스코틀랜드 선교사 로스와 매킨타이어에게 조선어를 가르치던 청년인 이응찬, 이성하, 백홍준, 김진기이며 이후 서상륜에게 세례를 베풀었다.

성경 반포는 개종자와 권서(勸書)자들이 마을마다 성경을 짊어지고 들어가 복음을 전한 선구자들의 노력으로 1880년 초에 만주와 한반도에 신앙공동체 설립으로 나타나게 되었다. 이러한 복음 선교 활동으로 평북, 평양, 서울, 봉천 등 1884년 후반에 많은 성도가 가정예배를 드리고 말씀을 읽는 가정들이 생기며 자생적인 한국교회가 세워져 나갔다.

한국 최초의 자생(自生) 교회는 1884년 황해도 송천에서 서상륜, 서경조 형제가 세운 소래교회(松泉敎會)이며, 1903년 영천 자천교회(慈川敎會), 1907년 봉화 척곡교회(尺谷敎會) 등이 소중한 신앙의 전승을 가진다. 우리나라 선교의 역사는 우리 민족 선각자들에 의해 시작되었으며 외국인 선교사가 오기 전에 이미 많은 성도들이 있었다.

만주에서 성경출판과 한국인 개종이 이루어질 때 일본에서도 동일한 일이 이루어졌다. 이수정(李樹廷 1842~1886)은 온건 개화파 학자로서 동경에서 농업대가이며 개신교 크리스찬 쯔다센(律田仙)을 만나 산상수훈에서 시작하여 기독교와 성경에 대한 설명과 함께 한문 신약성경을 받으며 깊은 감명을 받는다. 이수정은 나가다(長田信行) 목사를 만나 체계적인 성경공부를 하고 1883년 4월 29일 일본 주재 미국 장로교 녹스 선교사 입회 하에 야스가와(安川亨) 목사의 집례로 세례를 받고 개신교 신자가 된다. 그리고 이수정은 성경 번역에도 착수하며 복음의 기쁨을 혼자만 간직할 수 없어서 일본에 와 있던 한국 유학생들에게도 전도하였다. 1883년에는 7,8명의 수세자로 유학생 신앙공동체가 형성되고 도쿄에 한인교회가 세워진다.

이수정은 한국 선교를 위해 선교사를 파송해달라는 진정서를 미국 교회에 보내게 된다. 그 편지는 1883년 12월 선교 잡지 「The Missionary Review of the World」 그리고 1884년 9월호 미국 장로교 선교잡지 「Foreign Missionary」에 실리며 미국 교회에 반향을 일으킨다. 장로교 언더우드, 감리교 아펜젤러도 그 편지에 자극을 받아 한국 선교의 꿈을 꾸게 되었다.

두 사람은 한국 선교를 지원하여 한국 선교에 파송을 받고 먼저 일본에 들어가 조선말을 배우며 한국에 들어올 준비를 한다. 이수정은 한글 성경 번역 첫 작업으로 마가복음을 번역하여 1885년 2월 요코하마의 미국성서공회에서 1,000부가 간행되었다. 그것은 한국 선교사로 임명된 언더우드와 아펜젤러가 일본 도착과 때를 맞추기 위함이었다.

이 무렵 고종 황제는 민영익을 대표로 하는 6명의 사절단을 미국으로 파견하였다. 사절단은 샌프란시스코에서 워싱턴으로 가는 대륙 횡단 기차 내에서 감리교 가우처(John Franklin Goucher) 목사를 만나게 된다. 가우처 목사는 한국의 상황을 듣고 미국 감리회 국외선교부에 한국 선교 착수를 촉구하고 일본 주재 선교사 매클레이(Robert Samuel Maclay) 박사에게 한국 선교의 가능성을 모색하도록 하였다.

### (3) 한국 개신교 수용 과정

이수정은 매클레이를 김옥균과 만나게 하였고 매클레이의 사정을 들은 김옥균은 고종 황제에게 보내는 친서를 써준다. 매클레이는 친서를 가지고 1884년 6월 고종 황제를 알현하게 되고 고종 황제의 윤허를 받는데 성공하며 한국 선교에 새장이 열리게 된다. 매클레이 박사가 고종 황제에게 허락받은 선교 사업은 학교와 병원이었다.

이수정의 복음에 대한 열정은 미국 교회가 한국을 품게 하였으며 이 시기 선교의 문이 열리게 됨은 우리 민족에게 복음의 빛을 보게 하기 위한 하나님의 손길임을 보게 된다. 이수정은 귀국 후 갑신정변에 연루되었다는 음모에 휘말려 1886년 44세의 나이로 생애를 마감한다. 이수정은 예수님을 알고 뜨겁게 조선의 복음 전래를 위해 헌신하였다.

언더우드와 아펜젤러 선교사가 한국에 왔을 때 서상륜 등 선구자들의 손에 의해 번역된 성경이 전파되고 있었으며 이미 성경의 교훈을 받아 신앙생활을 하고 있던 사람들이 있었다는 점은 한국인의 종교성과 구도의 열정을 알 수 있으며, 참으로 우리 한국교회는 처음부터 하나님 말씀에 굳게 서 온 교회임을 알 수 있다.

## 선교사의 입국과 초기 선교 활동

1884년 미국 북 장로교회에서는 의료선교사로 알렌을, 교육선교사로 언더우드를, 미국 감리교회에서는 의료선교사로 스크랜턴을, 교육선교사로 아펜젤러와 메리 스크랜턴 대부인을 선발하였다. 이들은 의사 혹은 교사였지만 모두 목사들이어서 복음 전도라는 사명도 함께 수행할 수 있었다.

언더우드와 아펜젤러는 먼저 일본에 도착하여 머물면서 이수정에게 조선의 상황과 한글을 배웠으며 이수정이 번역한 한글 성경 마가복음을 들고 1885년 4월 5일 인천 제물포항에 도착했다. 스크랜턴은 정동에서 민간의료기관으로 진료를 시작하였다. 아펜젤러 선교사는 근대교육의 효시인 배재학당을 설립하고 언더우드 선교사는 연희전문학교를 세우고 애니 앨러스(Annie J. Ellers) 선교사에 의해 정동여학당이 세워졌다.

1884년 갑신정변 중 치명적 상처를 입은 정부 고관 민영익을 의료선교사 알렌이 서양의 발달된 의학으로 치료하게 된다. 이 치료가 계기가 되어 1885년 4월 근대식 병원인 광혜원(후, 제중원)이 개설된다. 알렌이 세운 제중원은 선교사업의 거점 역할을 하였다.

제중원에서 일하던 에비슨(Oliver R. Avison) 선교사는 미국 세브란스의 후원으로 세브란스병원을 짓고 후일 연희전문학교와 세브란스병원을 합병하여 지금의 연세대학교가 된다. 천주교는 선교 초기에 많은 어려움을 겪은 반면, 개신교의 처음은 조정 황실과 좋은 관계로 조정의 지원을 받았으며 일반 백성들이 신앙을 받아들이는 데도 좋은 여건이 되었다. 이러한 시기 선교사분들의 활동을 좀 더 찾아본다.

### 메리 스크랜턴 (Mary Fletcher Scranton)

대부인은 당시 53세의 나이에 의사인 아들 부부와 함께 우리나라에 들어와 1886년 「이화학당」을 설립하여 가난하고 소외된 여성들에게 배움의 길을 열어주었다. "최선을 다하라. 결과는 하나님께 속한 것이다"라며 아들 스크랜턴 박사와 동역으로 교육사업과 복음 전도와 교회 개척으로 예수님의 사랑을 실천하였다.

## 로제타 셔우드 홀 (Rosetta Sherwood Hall)

1890년 10월 25세의 젊은 나이에 의료선교사로 한국에 왔다. 1892년 6월 캐나다인 의사 윌리엄 제임스 홀(William James Hall) 과 결혼하여 의료선교에 힘썼다. 아들 셔도우 홀이 한 돌이 지났을 때 남편이 평양에서 청일전쟁 부상자들을 치료하던 중 전염병에 걸려 세상을 떠나자 홀은 복 중에 아기를 품고 미국으로 돌아가 딸 에디스를 출산한 후 1897년 11월 다시 한국으로 돌아 왔다.

1898년 5월 홀이 평양에 도착한 지 한 달도 지나지 않아서 딸 에디스가 이질에 걸려 세상을 떠난다. 참기 어려운 슬픔이지만 홀은 자신을 파송해 주신 하나님 앞에 순종하며 복음 선교에 최선을 다한다. 그녀가 눈물을 흘리며 뿌린 복음의 씨앗으로 이 땅에 귀한 결실이 맺혔다.

로제타 홀은 1898년 평양에 「기홀병원」과 여성전문 병원 「광혜여원」을 세워 수많은 여성들을 질병으로부터 구했으며, 1909년에는 평양에 최초의 농아학교를 설립했다. 그리고 한국 최초의 점자교과서와 점자 성경도 발간했다. 1917년부터는 동대문병원에서 일하면서 고려대학교 의과대학의 전신인 경성여자전문학교를 설립하였다. 1943년 은퇴하여 고향 뉴저지 양로원에서 지낸 홀은 자신의 유해는 한국 땅에 묻어달라는 유언을 했고, 1951년 85세로 사망 후 남편과 딸이 잠들어 있는 양화진외국인묘원에 묻혔다.

### 루비 켄드릭 (Ruby Rachel Kendrick)

감리교 여선교사인 루비 켄트릭은 1907년 24세의 꽃다운 나이로 빛이 없던 이 땅에 빛을 전하러 온 파란 눈의 의료선교사였다. 개성에서 영어를 가르치며 병든 아이들을 간호하였다. 그녀가 9개월 만에 급성맹장염으로 죽기 전 부모님께 보낸 편지엔 '저는 이곳에서 작은 씨앗이 되기로 결심했습니다. 하나님의 시간이 되면 조선 땅에는 많은 꽃이 피고 그들도 여러 나라에서 씨앗이 될 것입니다'라고 적혀 있었다. 1908년 순교한 루비 켄트릭은 양화진외국인선교사묘원에 묻혔으며 그의 비문에는 '만일 나에게 천개의 생명이 있다면 그 모두를 조선에 바치겠습니다'라고 기록하고 있다. 그리스도의 사랑을 전하려는 외국인 선교사들의 숱한 사연과 함께 지금 양화진외국인선교사묘원에 잠들어 있다.

### 로버트 하디 (Robert Alexander Hardie)

캐나다 토론토대학교 의과대학을 졸업 후 대학청년연합회(YMCA) 파송을 받아 1890년 한국에 온 25세의 독립선교사였다. 하디는 아내 켈리와 입국하여 원산을 중심으로 45년간 의료, 신학교육, 농촌계몽, 복음 전도에 헌신하였다. 하디는 정규 신학을 공부하지 않았으나 늘 성경 말씀을 연구했고, 그 말씀에 따라 살아가기 위하여 최선을 다했다. 부산에서 원산으로 이동하여 환자를 돌보며 1893년 선교센터를 설립하고 함경도, 강원도를 순회하며 복음을 전하였다.

1898년 미국 남 감리회로 소속을 바꾸어 목사 안수를 받고 개성으로 옮겨 남성병원을 설립하였다. 1899년 12월 원산으로 파송 받고 근교 지역을 순회하며 복음을 전하고 교회를 설립하였다. 1903년 원산에 부흥 집회가 열리며 하디는 부흥강사로 초청되어 백인 우월의식, 조선은 미개한 민족이라는 거만한 생각들에 통회하였다.

"회개하라"고 할 땐 반응이 없던 교인들이 "내가 죄인입니다"라고 고백하자 참석한 선교사들과 성도들에게도 성령님의 강한 역사가 임하며 원산대각성의 기적이 시작되었다. 원산부흥운동은 1907년 평양대부흥의 원동력이 되어 1910년 백만구령운동, 1919년 삼일절 민족운동으로 이어져 한국교회 부흥의 소중한 자산이 되었다.

하디는 감리회, 장로교 사경회에 초청되어 영적 체험 간증과 회개운동을 촉구하며 영동 지역, 두만강 북쪽 간도 지역까지 선교 활동을 확장하였다. 하디는 교육사업과 신학 교재 60여 권을 저술하며 초교파적 활동으로 「조선예수교서회」 및 「기독신보발행」에도 헌신하였다. 양화진에는 어릴 때 사망한 그의 두 딸이 안장되어있다. 하디 선교사는 1935년 70세에 은퇴하여 다섯째 딸이 살고 있는 미국으로 갔으며 84세로 소천하였다. 하디의 무덤은 미시간주 랜싱에 있다.

**사애리시 (史愛理施, 본명: 앨리스 해먼드 샤프 Alice Hammond Sharp)**

캐나다에서 태어나 오벌린 대학교 졸업 후 미 오하이오주 한 교회에서 교역자로 사역 중, 1903년 미 북감리회 파송을 받고 한국에 왔다. 서울에서 배재학당 교사, YMCA 활동을 하며 로버트 샤프와 1903년 32세에 이화여학당 본관에서 결혼했다. 1904년 남편의 사역지인 충남 공주에 도착 후 복음 전도와 여성 교육에 발 벗고 나섰다. 샤프 부부는 1905년 공주에 최초 여학교인 「명성여학당」을 창설하여 나이와 능력에 관계없이 여성들을 받아 배움의 기회를 제공하였다.

남편은 1906년 논산 지역 전도 여행 중 겨울날 진눈깨비를 피하려고 잠시 상엿집에 머물렀는데 그곳에서 장티푸스에 전염되어 치료를 위해 노력하나 그해 3월 순직한다. 남편을 잃은 슬픔에 고향으로 돌아간 그녀는 남편이 묻혀있는 한국을 잊지 못하여 2년 만인 1908년 공주로 돌아와 복음 전도 및 여학생 교육 사역을 지속하였다. 명선여학당을 「영명여학교」로 개칭하고 시설과 교원을 보충하여 근대화 학교로 발전하는데 초석을 만들었다. 사(史) 선교사는 충남 일대에 여학교 9곳, 유치원 7곳 교육기관 설립과 교회를 세우며 한국과 한국인을 위해 한평생을 바친 푸른 눈의 여성이다.

사(史) 선교사는 선교 중 어리고 총명한 유관순을 만난 후, 소녀 부모의 허락을 받고 유관순을 양녀로 삼아 영명여학교에서

공부시킨 후 서울 이화학당에 편입시켜 고등교육을 받도록 한 유관순의 첫 스승이다. 유관순(1902~1920) 열사가 서대문형무소에 수감되어 옥중 순교하자 배재학당 교사였던 지네트 월터(Jeannette Walter) 교육선교사는 시신을 인수하여 학교에 안치 후 직접 수의를 입혀 이태원 공동묘지에 안장까지 한 마지막 스승이 되었다. 공주 영명중고등학교에는 사애리시 기념비와 로버트 샤프 선교사, 유관순 열사 동상이 세워져 있다. 사애리시 선교사는 캘리포니아주 은퇴선교사 요양원에서 지내다가 1972년 101세의 나이로 소천하여 패서디나의 납골묘원에 안치되었다.

### 우리암 (禹利岩, 본명: 프랭크 윌리엄스 Frank E. C. Williams)

미국 덴버대학에서 화학과 농업을 전공하였다. 23세의 윌리엄스는 막 결혼한 부인 앨리스(우애리시 禹愛理施, Alice B. Williams)와 미 북감리회 파송으로 1906년 9월 29일 제물포에 도착한다. 임신한 아내는 인천에 남겨둔 채 선교지인 공주로 향한다. 우리암 선교사는 먼저 공주로 파송 온 로버트 샤프 선교사의 갑작스러운 사망으로 그 후임으로 파송되었다.

우리암 선교사는 1906년 공주「영명학교」를 설립 후 35년간 학교에서 여러 과목의 공부를 가르치며 여러 교회를 방문하여 설교를 하며 교육과 선교를 전개하였다. 일제에 의해 1940년 강제 추방되며 인도로 파송되었다가 1945년 대한민국 광복 후에 다시 돌아와 미 군정청의 농업정책고문으로 활동했다. 우리암 선교사는 1962년 미국에서 세상을 떠났다.

### 알렉산더 알버트 피터스 (Alexander Albert Pieters)

구약성경을 우리말로 번역하였다. 일본에서 미국 선교사에게 세례를 받고 유대교에서 크리스천이 된 피터스 선교사는 히브리어에 능통하며 시편을 암송하는 유대인이었다. 1895년 한국으로 들어와 권서(勸書) 활동을 하며 한글을 배워 1898년 시편 일부를 번역하였으며 1911년 구약성경 전체를 한글로 번역 출판하였다. 한국에 선교의 문이 열리며 영국성공회, 오스트레일리아, 미국 남 장로회, 캐나다 장로회 등 여러 교파 교회가 한국에 선교사를 파송하였다.

동북아시아의 19세기 말은 제국주의 국가들이 영토를 확대하던 시기로 전략적 요충지인 조선 역시 열강의 침략에서 예외일 수 없었다. 임오군란(1882년), 갑신정변(1884년), 동학농민운동(1894년), 청일전쟁(1894년), 러일전쟁(1904년) 속에서 20세기에 들어선 조선은 내우외환의 소용돌이 속으로 들어간다. 고종은 광무의 강병을 꿈꾸며 1897년 대한제국을 선포하지만, 1910년 대한제국은 주권을 상실하고 일본의 식민통치를 받게 된다.

이러한 시대 속에서 한국교회가 낳은 민족 지도자로 도산 안창호(1878~1938) 선생, 남강 이승훈(李昇薰 1864~1930) 선생, 고당 조만식(1883~1950) 선생, 월남 이상재(1850~1927) 선생 등이 있다.

# 3

# 한국교회의 고난과 성장

## 일제하 한국교회

1910년 한일병합으로 대한제국에 조선총독부가 세워지고 모든 통치는 조선총독부에 의해 이루어졌다. 교회도 세워지며 교세도 확장되어 갔으나 1921년부터 교세는 급감하며 기독교 민족주의가 강하게 일어난다.

1910년 신민회 간부와 기독교인 등 600여 명을 체포하고 그중 123명은 투옥시키고 그중 105인에게는 유죄 판결을 내린 105인 사건(데라우치 총독 암살 미수 사건)은 교파와 이념을 초월하여 민족 결속력과 교회의 고난이 오히려 교회를 더 강하고, 하나

되게 이어준다는 성경의 진리를 보여주게 되었다.

1919년 3.1운동은 우리 민족의 비폭력 독립운동이었다. 동경에 유학하고 있던 600여 명의 유학생들은 YMCA회관에서 결의문을 낭독하였다. 이와 때를 같이하여 지역과 종교를 초월하여 기독교, 천도교, 불교 등 총 33인으로 구성된 민족대표들은 태화관에서 「독립선언서」를 낭독하고 학생과 시민의 거대한 물결이 되어 파고다 공원에서 독립의사를 대내외에 천명하였다.

3.1운동 이후 한국교회는 개인 구원과 함께 사회적 책임의식을 가지며 문화와 복지에 관심을 갖는 계기가 되었다. 사회 계몽운동과 각 교단의 부흥운동, 청소년 운동과 주일학교 운동, 사회사업 운동 등으로 발전되어 갔다.

3.1운동 이후 한국교회는 국제적으로는 공산주의와 사회주의 도전을, 국내적으로는 교회에 대한 실망과 비판을, 교회 내부적으로는 자유주의적인 신학과 신흥 종파의 도전에도 직면한다. 일제의 신사참배 강요는 순응과 타협을 택일해야 하는 문제로 한국교회의 시험대가 되며 신앙의 연단 속에 일제 말엽을 맞는다.

일본의 한반도 통치 말엽인 1938년부터 1945년까지의 기간은 기독교 탄압이 한층 극심하였다. 대동아전쟁 초기 일본은 전선을 확대하면서 승세를 떨치나 미국의 공격을 받아 패색이 짙

어졌다. 일제는 다수의 기독교인을 1945년 8월 18일 처형하려는 계획을 세웠으나 1945년 8월 15일 일본의 항복으로 우리나라는 광복을 맞으며 8월 17일 늦은 밤 신사참배 거부로 투옥되었던 26명이 출옥했다.

세계대전 승전국인 미·소에 의하여 한국은 38선을 경계로 분할 점령된다. 미 군정(美軍政)은 광복 이후부터 대한민국 정부 수립 시까지 38선 남쪽을 통치하게 된다. 조지 윌리엄스(우광복, George Williams 1907~1994)는 우리암 선교사의 아들로 영명중학교에서 공부하고 15세에 미국으로 건너가 고등학교와 덴버 의과대학을 졸업한다. 미국에서 의사 생활 중 한국의 광복을 듣고 미 해군 군의관으로 지원하여 한국으로 돌아와 하지(John Reed Hodge) 군정 사령관의 특별보좌관으로 대한민국 정부 수립에 참여한다.

우광복(禹光福)은 미 군정에서 일할 사람 중 기독교인을 다수 추천하여 이들은 각 부처에서 한국 기독교 성장의 밑거름이 된다. 국민이 직접 뽑은 제헌국회 본회의에서 이승만 의장은 회의를 시작하기에 앞서 사람의 힘만으로는 안 되었기에 하나님께 감사기도를 하자고 제의하고, 이윤영 의원(목사)의 기도로 의회가 시작되었다.

기도는 "…역사의 첫걸음을 걷는 오늘, 우리의 환희와 감격에

넘치는 이 민족적 기쁨을 다 하나님에게 영광과 감사를 올리나이다. 이 모든 말씀을 주 예수 그리스도 이름 받들어 기도하나이다. 아멘"으로 맺는다. 이로써 조선왕조에서 주권재민의 공화정 대통령제로 자유민주국가가 시작된다. 남북의 분단으로 남한은 교회 재건이 되나 북한은 기독교와 융화될 수 없는 공산주의로 또다시 교회의 존폐의 기로를 맞는다.

## 6.25 전쟁과 1960년대 이후 한국교회

1945년 해방 이후 한국교회는 교회 재건이란 중대한 시대적 사명을 받으나 이를 감당할 겨를 없이 곧이어 1950년 동족상잔의 전쟁을 맞게 된다. 형제의 가슴에 서로 총을 겨누며 밀고 밀리는 전란 속에서 엄청난 인명과 재산의 손실을 당하며 한국교회는 또다시 무서운 박해와 피해를 입는다. 고난과 위기 속에서 부끄러운 모습도, 부활을 꿈꾼 아름다운 목자상도 있다.

그러나 주님은 불같은 시험이 온다 해도 그것을 통해 우리를 연단시키고, 마침내 아름다운 주님의 백성으로 우리를 세워 주신다. 6.25 한국전쟁은 자유민주를 지켜야 하는 절박한 상황이나 하나님은 중요한 계기마다 필요한 사람을 준비하시고 세워 주시며 소중한 자유를 지켜주셨다. 하나님은 고난과 위기도 자유와 민주와 번영의 기회로 만들어 가신다.

해방 이후 한국전쟁을 겪으며 한국교회는 모든 교파, 교단이 갈등과 분열을 경험했기에 아픔과 상처의 시기를 보내야 했다. 오랫동안 외세에 짓눌려 살아온 우리 민족이 전쟁 복구에 허덕이며 1950년대를 지나 1960년대를 맞으며 교회뿐 아니라 한국 사회 전체가 정체성에 대한 고민을 하게 된다.

이럴 때 일어난 1960년 4.19혁명, 1961년 5.16 군사정변도 민족적 정체성을 찾고 잘살아 보려는 열망 속에서 나온 것일 수 있다는 생각을 한다. 한국교회도 교회 위상을 높이는 것을 중심에 두는 운동들이 일어난다. 개(個) 교회 독립성을 인정하며 교파와 교단을 초월하고 교류하는 운동이 일며 모든 교회가 다 같이 쓸 수 있는 찬송가를 만들고 가톨릭과 공동 번역 성경을 간행한 것이다.


## 동방의 등불

1913년 아시아에서 처음으로 노벨 문학상을 받은 인도의 시인 타고르(Rabindranath Tagore)가 우리나라를 예찬하여 지은 「동방의 등불」이라는 시(詩)이다.

「일찍이 아시아의 황금시대에 빛나던 등불의 하나인 코리아, 그 등불 한번 다시 켜지는 날에 너는 동방의 찬란한 빛이 되리라. 마음에 두려움이 없고 머리는 높이 쳐들린 곳, 지식은 자유스럽고 좁다란 담벽으로 세계가 조각조각 갈라지지 않는 곳, 진실의 깊은 속에서 말씀이 솟아나는 곳, 끊임없는 노력이 완성을 향해 팔 벌리는 곳, 지성의 맑은 흐름이 굳어진 습관의 모래벌 판에 길 잃지 않는 곳, 무한히 퍼져나가는 생각과 행동으로 우리들의 마음이 인도되는 곳, 그러한 자유의 천당으로 나의 마음의 조국 코리아여 깨어나소서.」

21세기를 맞으며 5000년의 역사를 지닌 우리 민족의 위대함이 다시금 확인된다. 6.25 전쟁으로 인한 폐허의 잿더미 속에서 우리도 한번 잘 살아 보자며 땀 흘려 경제 개발을 이룬 오늘의 대한민국은 IT, 반도체, 조선 등 많은 분야에서 세계 1위를 차지하며 어느 나라도 할 수 없는 일을 이루었다.

우리 민족은 기원전 2333년 고조선이 건국되어 오랜 역사를 이루며 경천애인(敬天愛人) 정신을 간직한 하나님이 선택한 위대한 민족이다. B.C 57년 신라, B.C 37년 고구려, B.C 18년 백제가 건국되기 이전 삼한시대에 한반도의 중앙 한강 하구의 비옥한 김포와 *조강(祖江) 유역에서 발견된 철제장검에서 해당 시기에 이미 철기를 사용한 삼한은 삼국의 모체가 되고 후대로 이어지며 대한민국 국호의 어원이 되었다.

고구려와 발해의 영토를 보면 위로는 만주, 연해주와 몽골 동부까지 지배하였으며 서남쪽 발해만까지 확장하려는 포부를 가

---

* 조강(祖江)은 임진강과 한강, 예성강이 서로 만나 서해로 흐르는 강이다. 바다처럼 거대한 '큰 강', '할아버지 강'이라는 뜻을 가진다. 김포 애기봉에는 '조강전망대'가 있다.

졌다. 하나님은 이 민족을 숱한 외침과 어려움 속에서도 지켜주셔서 오늘의 발전된 자유 대한민국을 이루어주셨다.

머리에 갓을 쓴 민족, 이미 5000년 역사와 함께 하늘을 우러러 기도하던 민족이며 하나님이 보호해 주시고 하나님과 함께한 민족이다. 순교의 피가 뿌려진 땅, 세계 젊은이들의 피의 희생이 스며있는 대한민국은 세계의 자유를 지키며 "땅 끝까지 복음을 전하라"는 주님의 뜻을 따를 때 하나님은 더 위대한 대한민국으로 세워주심을 믿는다.

# 4

# 전도 이야기

## 사람을 향한 마음

「사람을 향한 마음(Heart for People)」은 사람이 세상에서 가장 귀한 존재임을 알고 사람을 위하여 우리의 삶을 드리고자 하는 사람에 대한 사랑의 마음을 일컫는 말이다.

사람이 귀중한 이유는 네 가지로 축약할 수 있다.
첫째, 예수님은 목자 없는 양 같은 우리를 불쌍히 보셨으며,
둘째, 하나님이 보시기에 인간은 보배롭고 존귀한 존재이며,
셋째, 한 사람의 생명이 온 천하보다 귀하며,

넷째, 이 세상은 끝나지만 사람의 혼은 영원히 존재하기 때문이다.

또한 하나님께서 사람을 귀중하게 보시는 이유는
첫째, 사람은 하나님의 형상으로 창조되었고,
둘째, 그리스도께서 십자가 보혈로 구속하셨으며,
셋째, 하나님께서 인간 구원을 위하여 독생자를 주는 대가를 치러주셨기 때문이다.

"이 세상도, 그 정욕도 지나가되 오직 하나님의 뜻을 행하는 자는 영원히 거하느니라" – 요일 2:17 (전 3:11)

사람에 대한 사랑을 개발하기 위해서는 하나님의 관점으로 사람을 보고 사람이 받게 되는 심판을 생각해야 한다. 그리고 내게 베풀어주신 하나님의 사랑을 깊이 묵상하며 사람을 위해 자신을 희생하려는 마음을 가져야 한다.

"사랑하는 자들아 하나님이 이같이 우리를 사랑하셨은즉 우리도 서로 사랑하는 것이 마땅하도다" – 요일 4:11 (사 58:10)

# 왜 전도인가?

"누구든지 주의 이름을 부르는 자는 구원을 받으리라 그런즉 그들이 믿지 아니하는 이를 어찌 부르리요 듣지도 못한 이를 어찌 믿으리요 전파하는 자가 없이 어찌 들으리요" – 롬 10:13,14

'WIN'은 '승리하다'라는 뜻과 함께 '쟁취하다'라는 뜻도 있다. 그래서 'to win a soul'은 '사탄의 손아귀에서 혼을 쟁취하다. 혼을 구원하다'라는 뜻으로도 표현된다. 그리고 사람을 주님께로 데려오기 위해 전도하는 것은 '혼을 구원한다'의 뜻을 가진 'soul winning'이라 한다. 구원은 마귀에 속한 혼을 하나님께로 인도하는 것이며 복음 전도자는 'soul winner'이다.

하나님은 누구든지 주의 이름을 부르는 자는 구원을 얻게 해 주셨다.

지옥의 형벌로부터 구원받음은 오직 믿음만으로 얻어지는 선물이기에 복음이며 기쁜 소식이다. 나를 구원하여 주신 하나님께 경배드리며 이웃들에게 선한 일을 하려는 것은 하나님 자녀의 마땅한 삶이다.

지옥은 없을 거라고 생각한다면 창조주 하나님 말씀을 의심하는 것이다. 말씀을 의심한다는 것은 하나님을 거짓말쟁이로 만드는 것이다. 성경은 모든 사람은 죄인이며 죄의 결과 불과 유황이 타는 못에 던져진다고 기록하고 있다. 성경은 하나님의 말씀이며 예수님은 천국보다 지옥을 더 많이 말씀하셨다.

　지옥은 이렇게 무서운 형벌이기에 하나님은 우리를 사랑하셔서 우리 죄를 위해 십자가에서 처참히 죽어주심으로 주의 이름을 부르는 자는 구원을 받게 하셨다. 그러나 믿지 아니하는 이를 부를 수는 없다. 때문에 먼저 구원받은 우리가 낙심하지 말고 주님의 그 사랑을 널리 전파해야 한다. 오늘 내가 구원받음은 누군가 나를 전도했기 때문이다. 하나님은 전도자에게 자랑의 면류관을 약속하신다.(롬 10:13~15 살전 2:19)

　전도는 주님이 허락하시는 가운데 할 수 있는 모든 일을 해야만 한다. 그러나 우리는 여전히 신앙생활보다 세상 가치와 풍류를 따르려 하며 전도보다 노는 것을 좋아하는 본성이 있다. 그럼에도 복음을 전할 수 있다면 반드시 전해야 한다는 부담감과 사명감을 가져야 한다.
　그 이유는 무엇으로도 해결할 수 없는 내 안의 죄를 발견했기 때문이고, 그 죄를 해결해 주신 예수님을 만났기 때문이다. 내 안에 발견한 죄를 사해주신 예수님이 다른 사람에게도 동일한 은혜를 부어주실 것을 믿기 때문이다.

　우리가 다른 사람들과 신앙을 나눌 때 기억해야 할 것은 우리가 나누고 있는 것은 다른 누구도 아닌 우리의 신앙이라는 사실이다. 성경에 쓰인 예수님은 다른 유명한 사람이 만난 예수님이 아니라 우리 삶에 찾아오신 예수님, 우리의 삶을 변화시킨 예수님이다. 우리는 그런 예수님을 전해야 한다.

일상에서의 전도도 중요하지만, 교회에서의 행사를 통해 한 영혼을 품고, 그를 위해 기도하며 전도의 기회를 가지려고 노력하는 것도 매우 중요하다. 교회에 한 번이라도 나와야 말씀을 듣고, 예수님을 영접할 수 있는 기회를 얻을 수 있기 때문이다. 이렇게 교회에 나온다 하더라도 정착을 하거나 예수님을 영접하는 경우는 매우 적다. 그러나 언제 있을지 모르는 회심이기에 기회가 닿는 대로 기도하고, 전도하고, 사랑하는 것이 제자인 우리가 마땅히 해야 할 일이다.

**전도는 사랑이다.**

사랑은 온유하며 강제하지 않는다. 오늘도 하나님께서 우리를 기다려 주심처럼 우리도 기다려 주어야 한다. 그러나 그 소식을 듣게 만드는 것은 제자인 우리가 할 일이다. 강제적으로 복음을 전하려고 하는 것도 문제지만 반대로 예의를 차리려다 생전에 복음을 단 한 번도 전하지 못하는 것도 문제다.

그러나 절대로 조급해서는 안 된다. 죄를 깨닫고 회개의 마음을 주는 것, 새로운 삶으로 변화를 주는 것 등 이 모든 것은 우리의 전도를 통해 하나님이 하시는 일이기 때문이다. 우리는 주님이 주시는 사랑을 품고 예수님의 명령인 전도를 기회가 닿는 대로 성실히 수행하기만 하면 된다. 마음에 품은 기도는 하나님께서 도우시며 행하게 하신다. 사랑하는 사람에게 내가 증언하지 않으면 누가 하겠는가?

> "그러나 너희는 택하신 족속이요 왕 같은 제사장들이요 거룩한 나라요 그의 소유가 된 백성이니 이는 너희를 어두운 데서 불러 내어 그의 기이한 빛에 들어가게 하신 이의 아름다운 덕을 선포하게 하려 하심이라" – 벧전 2:9

## 마음 열기

### (1) 마음에 품고 기도하기

생활 속에서 전도와 사랑의 동기가 있는지 잘 알 수 있는 것은 그 사람을 위해 기도하고 있는지를 살펴보면 된다. 전도 대상자들의 유익을 위하여 그들을 마음에 품고 기도하는 것은 정말 중요하다. 전도 대상자를 사랑하는 마음으로 기도를 하면 관계가 안 좋아질 수 없으며, 자연스럽게 그의 삶에 관심을 갖게 된다. 마음에 품고 기도한다는 것은 이미 그 사람을 전도하기 위해 필요한 각고의 노력을 감내할 의지가 생겼다는 것으로도 볼 수 있기 때문이다. 그래서 먼저는 사랑의 동기를 가지고 마음에 전도 대상자를 품는 기도가 절대적으로 필요하다.

때때로 전도 대상자를 위하여 기도하는 것, 그 자체만으로도 주님의 바람과 삶을 실천하는 것이 된다. 전도 대상자들을 마음에 품고 기도를 하다 보면 비록 그 사람이 원수라 해도 용서의 마음이 생기고 오히려 도움을 주고 싶어지기 때문이다.(마 22:37~39)

## (2) 마음 열기

"내가 달려갈 길과 주 예수께 받은 사명 곧 하나님의 은혜의 복음을 증언하는 일을 마치려 함에는 나의 생명조차 조금도 귀한 것으로 여기지 아니하노라"

– 행 20:24

복음을 전하기 전 마음을 열어가는 단계가 꼭 필요하다. 만약 마음이 열리지 않은 상태에서 "당신은 죄인이며 그 결과 죽음 이후 지옥에 간다"라고 하면, 실제는 지옥 형벌에서 구원하려는 것이므로 무척 고마워해야 하나 대부분의 사람들은 불쾌한 반응을 보인다. 사람은 누구나 죄의 본성을 가지므로 비슷한 반응을 가질 수 있다. 예수님은 세상이 악하다고 증언하셨기 때문에 예수님을 싫어한다고 말씀하셨다.(요 7:7)

사람은 죄인이란 말보다 용납하는 말을 듣고 싶어 한다. 그러나 죄를 알지 못하면 구원받을 수 없다. 예수님은 죄인을 위하여 이 땅에 오셨다. 우리는 먼저 죄인 된 자신을 알게 된 자이다.

마음 열기는 땅을 기경(起耕)하는 것과 같다. 농부는 씨를 뿌리기 전에 딱딱한 땅에 거름을 내고 갈아 땅을 부드럽게 하여 씨를 뿌린다. 전도에 있어 마음 밭을 부드럽게 하는 것은 무엇보다 중요하다. 이처럼 우리 주변에서 늘 만날 수 있는 전도 대상자라면 그의 마음을 얻기 위하여 만나서 함께하며 우리의 인생이 짧다는 것, 우리는 언제까지 살지 누구도 장담할 수 없다는 것, 사람이 죽으면 끝이 아니라는 것, 하나님은 평강한 삶으로 인도해 주신다는 것 등 그의 생애에 하나님의 필요를 느끼게 하며 마음을 열어 갈 수 있다.(마 13:3~8 막 4:1~9 눅 8:4~7)

## 전도 방법

"보내심을 받지 아니하였으면 어찌 전파하리요 기록된 바 아름답도다 좋은 소식을 전하는 자들의 발이여 함과 같으니라" – 롬 10:15

복음을 전하는 방법은 다양하다. 직접 전도지를 주거나 교회로 인도하는 방법, 단기로 아웃리치를 가거나 지역을 위해 봉사하는 일, 자신의 구원 간증을 하는 방법, 교회의 전도 축제에 초청하는 방법 등 삶에서 전도할 수 있는 방법은 무궁무진하다. 그러나 중요한 것은 누구에게든 어떻게든 우리가 전해야 한다는 사실이다. 하나님은 우리에게 분명히 명령하셨고 그 명령을 지키는 것은 우리의 책임이기 때문이다. 예수님은 이 명령을

'목회자'나 '사역자'에게만 주지 않으셨다. 예수님을 믿고 따르는 모든 그리스도인에게 주신 명령이다.

요한은 첫 번째 서신에서 증인이란 일어난 일을 그대로 보고 하는 사람이라 말했다. 복음은 하나님의 완전하신 계획이기에 우리가 거기에 무엇을 더하거나 뺄 필요가 없다. 전도란 성경이 전하는 예수님, 우리 삶에 오신 예수님을 잘 보고 배우며 우리가 알게 된 복음을 다른 사람에게 그대로 전하여 그의 영혼을 살리고 세워가는 일이다.

전도에 대한 우리의 할 일은 사람들에게 주님이 필요하다는 사실을 깨달을 수 있도록 도와주며 은혜의 복음을 전하는 것이다. 그것을 받아들임은 성령님이 하신다. 물론 전도는 두려울 수 있다. 그러나 예수님은 "전도하라"라는 명령과 함께 그 능력도 함께 주셨음을 기억해야 한다. 한 사람이 회개하고 주님께 나아오면 성령님이 그 삶에 들어오시고 그리스도에 대하여 다른 사람들에게 증거할 수 있는 권능을 주신다. 우리는 본성적으로 예수님에 대하여 다른 사람들과 이야기하기를 꺼리기 때문에 이 권능을 먼저 구해야 한다.(행 1:8)

일상에서 자주 만나는 사람들이 있지만 평생 한번 만나고 헤어지는 경우도 있다. 전도 대상자와의 관계가 어떠하더라도 전도는 이루어져야 한다. 전도를 위한 초기 질문으로 "교회에 나가 보신 적이 있습니까?", "성경을 읽어 보신 적이 있습니까?", "사람이 죽으면 그것으로 끝일까요?"라는 질문들을 가질 수 있으며 "하나님은 당신을 사랑하십니다"라며 전도지를 전해 줄 수 있다. 정기적으로 만날 수 있다면 좋은 관계 가운데 교회로 인도할 수 있으며, 어느 곳에서든지 복음을 전하여 초기 양육을 도와 그가 하나님의 자녀로 살아가는 것을 도울 수 있다.

소책자 전도지로 복음을 직접 설명한다면 성경 구절을 직접 읽게 하며 설명 중 내용과 무관한 질문은 설명 후로 돌린다. 전도자의 부족한 부분도 나누며 자연스럽게 시선을 유지해 좋은 분위기를 만든다면 더 효과적이다. 그리고 설명 중 질문을 유도해 상대가 스스로 깨달을 수 있도록 이끌어준다.

설명 중 복음의 핵심이 되는 것을 상대가 스스로 말하게 해 그것이 자신의 것임을 깨달을 수 있도록 돕는다. 그리고 복음을 전한 뒤에는 결신을 위해 반드시 예수님을 영접할 것인지를 묻는다. 그가 "예"라고 하면 구령(救靈)자를 따라 영접 기도문을 한 문장씩 따라 하게 한다. 하나님을 믿고 싶고, 구원을 받고 싶고, 교회에도 나가고 싶은데 방법을 몰라서 실행을 못 하는 사람들이 생각보다 많기 때문이다.

복음 전도는 강요가 있어서는 안 된다. 그것은 하나님이 우리에게 자유의지를 주셨기 때문이며, 또한 스스로 마음을 열고 받아들일 때만이 진정한 영접이 이루어지기 때문이다. 말씀을 전도지로 전했다면 그 전도지를 상대에게 준다. 그 안에는 전도자가 설명한 성경 구절이 기록되어 있어서 함께 나눈 진리들을 상기시킬 수 있기 때문이다. 내가 설명한 것은 아무리 열심히 했더라도 잊히기 때문에 전도지가 꼭 필요하다.

복음 진리는 변하지 않지만, 전도 방식은 시대와 상황에 따라 변화를 가지는 것이 필요하다. 그러나 모든 필요한 지혜와 상황은 예수님이 채우시며 각 사람의 마음에도 감동을 주신다는 사실을 믿어야 한다. 아직 교회에 가본 적이 없거나, 이미 교회에 가본 적이 있지만 교회 적응에 실패했다 하더라도, 아는 사람이 없어 교회 나가기가 망설여진다 하더라도, 한 번은 결단을 내려야 한다. 이는 우리의 영생이 달린 문제이기 때문에 더 이상 지체할 수 없기 때문이다. 구원받은 자는 언제 어디서든 복음을 전할 수 있어야 한다. 누구를 불러와서, 누구에게 데려가서 복음을 듣게 할 수 없는 상황도 있기 때문이다.

이 책 1장 「하나님의 크신 사랑」은 그리스도의 복음을 설명하고 있으며 '믿음이란?' 단원의 짧은 영접 기도문에는 복음을 효과적으로 요약하고 있다. 구원받은 우리는 누군가에게 복음을 설명하여 예수님 영접을 도울 수 있어야 하며 언제 어디서라도 복음을 요약하여 전할 수 있어야 한다.

회개의 의미를 설명해 주며 특히 죄 부분에 대하여 왜 죄인이며 죄의 결과 그 대가가 따르는 것에 충분히 이해를 주는 것이 중요하다. 내 몸에 병이 있다는 것을 안다면 의사가 필요함은 자연스러운 것이다. 복음을 설명한 후에는 반드시 "예수님을 믿고 영접하시겠습니까?"라는 질문을 해야 한다. 그가 "예"라고 대답하면, 다음과 같이 따라 하게 할 수 있다.

"하나님 저는 죄인임을 시인합니다. 저의 죄를 회개하오니 용서하여 주옵소서. 예수님께서 내 죄를 대신하여 십자가에 피 흘려 죽으시고 부활하신 사실을 믿습니다. 지금 예수님을 저의 구원의 주님으로 영접하오니 제 마음에 들어오셔서 구원하여 주시옵소서. 구원하여 주심을 감사합니다. 예수님의 이름으로 기도드립니다. 아멘!"

복음 설명 중 로마서 3장 10절, 로마서 6장 23절, 요한계시록 21장 8절, 로마서 5장 8절, 로마서 10장 9절 등 관련 구절을 사용하여 결신에 도움을 줄 수 있다.

복음 설명을 듣고 예수님 영접 기도를 거절하는 경우에도 조급히 생각하지 말아야 한다. 지금이 아닌 다음 기회도 있으며 내가 아닌 다른 사람이 전할 수도 있다. 성경의 엄청난 사건을 받아들이는 데 시간이 필요할 수 있으며 신중한 결단을 내리려 할 수도 있다. 하나님의 말씀에는 생명이 있으며 뿌려진 씨앗은 살아 있으므로 지속하여 기도해 주며 같은 관심으로 좋은 관계를 유지해야 한다.

우리는 누구나 하나님 앞에서 죄인 됨에 이해를 주며 예수님은 하나님이시며 예수님을 영접하여 구원받게 됨을 순수한 마음으로 믿어야 하는 것에 대해 설명하여 결신을 도와야 한다.

'하나님의 자녀가 되자!', '새로운 삶을 살자!'라는 결단의 마음을 가지게 하는 것에는 간절한 기도가 있어야 한다. 복음 설명이 부족한 것 같은데 결신을 하는 자가 있는 반면에 충분히 설명을 하여도 영접 기도를 거절하는 경우도 있다. 영혼 구원에는 성령님의 절대적인 도우심이 필요하다. 기독교 서점에서 판매되는 소책자 전도지 「하나님의 선물인 영생」, 「4영리(四靈理)에 대하여 들어 보셨습니까?」에는 복음 내용이 효과적으로 요약되어 있다.

성경 지식이 많은 것, 신앙생활을 열심히 하는 것, 선한 행위들이 구원의 조건이 아니라 예수님만 믿고 영접하는 것이 구원받는 조건이 된다. 새로운 삶의 변화는 구원받은 후 주님과 함께 이루어간다. 상황에 따라 그리스도의 복음에 대하여 충분히 설명할 수도 있고 짧게 설명할 수도 있지만, 영접 기도를 돕는 것은 중요하다. 신앙생활을 하는 우리 자신도 회개의 마음으로 예수님을 영접하였는지 스스로 점검해야 하며 구원받은 간증을 할 수 있어야 한다.

사탄은 많은 것을 허용하면서 영접 기도를 가리어 결신을 방해하며 구원을 얻지 못하게 하며 구원의 확신을 흐리게 하는 계략을 가진다. 성경을 아는 것은 지식이나, 성경을 믿는 것은 생명이다.

"내가 아버지께로부터 너희에게 보낼 보혜사 곧 아버지께로부터 나오시는 진
리의 성령이 오실 때에 그가 나를 증언하실 것이요 너희도 처음부터 나와 함
께 있었으므로 증언하느니라" – 요 15:26,27

예수님은 승천하신 후 진리의 성령님을 보내주셨다. 나는 약
하나 내 안에 계신 성령님이 우리를 도와주고 계심을 늘 기억해
야 한다. 성령님은 예수님을 증거해 주신다. 구원받은 자는 성
령님의 능력으로 예수 그리스도를 증거하는 자이다.

5

# 평신도 사역과 비전

## 사역의 본질

"우리가 그를 전파하여 각 사람을 권하고 모든 지혜로 각 사람을 가르침은 각 사람을 그리스도 안에서 완전한 자로 세우려 함이니" – 골 1:28

위의 말씀처럼 각 사람을 권하고, 가르치고, 완전한 자로 세우는 것은 한 영혼을 권하고 가르쳐서 완전한 자 즉 영적으로 성숙한 자로 세우는 것이며, 이것이 바로 사역의 본질이라 여긴다. 그러므로 사역은 각 사람을 하나님의 자녀로서의 삶을 살아갈 수 있는 성숙한 자로 세우는 것이라 할 수 있다.

사역은 목회자가 사람을 세워가는 것이 핵심이지만, 넓게는 평신도들의 직업 그리고 삶 전체를 사역으로 보기도 한다. 하나님께서 우리에게 맡겨주신 모든 일과 삶을 통해 하나님의 뜻을 이루어 가며 하나님을 영화롭게 한다면 모든 것이 훌륭한 사역이기 때문이다. 목회자와 평신도의 사역의 본질은 동일하지만, 그 기능과 역할은 다르므로 서로 합력하여 하나님의 나라를 이루어가야 한다. 목회자는 전체를 도우며 평신도는 한 사람 또는 소그룹을 도울 수 있다.

평신도 사역자는 그리스도 안에서 거듭나고 건강하게 성장하여 말씀 안에 거하며 주님을 닮아가는 성숙한 자다. 그가 있는 곳이 어디든지 주님을 전파하며 각 사람을 세워가는 일에 자신을 드리려는 자이다. 그러므로 넓게는 성도가 움직여 행하는 모든 일이 주님의 일이며 어느 곳이든지 사역지이다. 하나님은 모든 그리스도인을 아름다운 덕을 선전하는 복음의 제사장으로 불러주셨다.(벧전 3:9)

가정에서 부모의 마음으로 자녀를 키우듯 한 사람 또는 소수의 사람을 양육하는 모든 일이 사역이라는 개념을 가질 때 평신도 사역자는 항상 부족하며 필요한 존재이다. 교회 학교, 구역회 등 다양한 소모임의 인도자는 이미 훌륭한 평신도 사역자이기 때문이다.

# 조화로 이루어가는 사역

사회는 빠르게 변해가고 있다. 인터넷은 세계의 공간을 하나로 엮어가고 있으며 휴대폰은 세상을 내 손안에 둔다. 이러한 변화는 전도에서도 나타난다. 문화와 융합한 전도를 통해 생활 속에서 기독교 정신의 실천 등 다양한 방법의 변화를 보게 된다.

목회자는 평신도 사역자가 어느 곳에서 사역할 때 자신의 은사와 재능을 가장 잘 발휘될 수 있는지 함께 기도하며 찾아 주어야 한다. 또한 사역의 범위를 확대하여 더 넓고 큰 세상으로 내보내는 용단도 있어야 한다. 평신도와 목회자가 서로 상대의 입장에서 이해하고 배우려는 열린 마음을 가질 때 교회는 더 큰 하나가 되어 주님의 사명을 이루어간다.(롬 8:28)

평신도가 목회자의 수준으로 올라가는 것은 어렵지만 목회자가 평신도의 위치로 내려가는 것은 목회자가 마음만 먹으면 되는 일이다. 평신도의 위치로 내려가 마음속에 있는 생각을 터놓고 삶을 나눌 수 있는 소탈한 모습에서 더 큰 하나가 이루어질 수 있다. 또한 평신도는 세상 속에서 꾸밈없이 불신자와 함께하며 그들의 마음을 얻는 데 힘써야 한다.

바울은 한 영혼을 얻기 위하여 자기 변신을 시도했다. 어쩌면 정체성을 포기한 이중적인 삶으로 비추어질 수 있지만, 바울은 한 영혼을 얻기 위하여 자신의 신분을 포기하고 자신의 신분을

낮추어 그와 동일시했다.(고전 9:19~23)

평신도 사역을 사역의 본질로 삼을 때 더 많은 평신도는 모여들고 부수적인 결과로 교회 부흥과 성장의 결실도 얻을 수 있다. 우리의 교계가 평신도와 함께 사역의 본질을 이루어간다면, 주님의 지상 사명 성취에 기여하고 세계비전을 주도적으로 이끌어 하나님이 주신 소명을 감당하게 된다.


## 평신도 일대일 양육사역

지역 교회에서 평신도 일대일 양육사역을 시행하고 있는 사례는 많다. 이러한 환경은 교역자와 평신도 양육교사의 비전에 대한 하나 된 마음에서 나온다. 개(個) 교회별 실정에 맞게 평신도들이 사역을 할 수 있는 환경을 조성해 주는 것이 중요하다. 여러 명의 일대일 양육교사들은 전도되어 오거나 교회를 찾아온 초신자들을 교회에서 부여한 교제의 범위에서 함께 기도하며 일정 기간 양육하여 수료식을 갖고 그들이 다음 단계의 성경공부 과정을 안내하여 교회에 정착하는 것을 돕게 된다.

교회에 인도되어 예배는 드리지만 공부할 여건이 안 되거나 당장은 교회에 나올 환경이 안 되는 분들에게는 일대일 양육교사가 찾아가서 기초과정을 도와 교회 정착을 도울 수 있다. 교회는 단계별 성장 과정 등을 통하여 가르침에 은사가 있는 자를 발굴하여 양육교사로 성장시키는 것이 중요하다. 복음 제시와 기초 양육이 가능한 일대일 양육은 어떤 환경에서도 교제가 가능하므로 전도와 양육의 좋은 방법이 될 수 있다. 일대일, 가정 대 가정, 소그룹 양육은 초신자가 제자로 성장하고 그가 또 다른 사람을 전도하여 가르치는 비전을 갖게 한다.

> "내 아들아 그러므로 너는 그리스도 예수 안에 있는 은혜 가운데서 강하고 또 네가 많은 증인 앞에서 내게 들은 바를 충성된 사람들에게 부탁하라 그들이 또 다른 사람들을 가르칠 수 있으리라" – 딤후 2:1,2

네비게이토 선교회의 창시자 도슨 트로트맨(Dawson Trotman)은 "원인이 있어야 결과가 있다"라고 말하며 "제자를 삼는 일은 말씀의 씨앗을 뿌릴 때 결과를 얻게 되며 이 일은 다른 사람이 아닌 우리가 해야 할 일이다. 가르치는 방법은 예수님이 평소 제자들에게 가르치고 명한 모든 것을 그 제자들을 따르는 자들에게 가르쳐 그들을 초신자가 아니라 제자로 삼아라"라고 말하고 있다.

## 비전과 동기

교회 학교 교사, 소그룹 인도자, 다양한 봉사자의 수고와 함께 자생적 신우회 활동을 넘어 직장 사역, 가정 사역 등 다양한 평신도 사역자들이 있다. 평신도 사역자는 본업과 사역을 겸하며, 자비량으로 사역도 하기에 어려움도 뒤따른다. 특히나 평생 사람을 세우는 일이기에 초심을 잃지 않고 일평생 사역을 지속하려면 강력하게 이끌어 가는 동력이 필요하다. 그 동력은 하나님 말씀의 약속에 근거한 올바른 비전을 가지는 것이다.

나는 청년이었을 때 처음 선교단체의 수양회에서 목사님으로부터 「월드비전 world vision」이란 메시지를 들었다. 그러나 수양회를 마친 후 곧바로 타 지역으로 근무지가 옮겨져 배움이 이어지지 못하여 당시는 희미하였지만, 이 '비전'은 마음 한 곳에 작은 불씨가 되어주었다. 나는 전역하며 다시 처음 메시지를 전하셨던 목사님이 사역하는 선교회를 찾아가 십여 년 이상 주님을 따르며 배우는 기회를 가졌다. 영혼에 대한 사랑과 관심은 순수한 사역의 동기가 되어준다.

사역이 즐겁지 않으면 평생 사역할 수가 없으며, 어려워도 비전이 있으면 즐겁고 힘든 줄 모르게 임하며 소망을 갖게 된다. 우리에게 비전이 없다면 이미 죽은 자와 같다. 이 장을 마무리하며 평생 스스로를 움직여 줄 연료이며, 힘든 시기를 극복하게 해주는 버팀목이 되었던 비전을 생각한다.

## 비전을 주시는 하나님

하나님은 항상 번성의 축복을 주실 때 비전을 허락하셨다. 노아에게도, 아브라함에게도, 야곱에게도 하나님은 동일한 약속을 주셨다.

"여호와께서 아브람에게 이르시되 너는 너의 고향과 친척과 아버지의 집을 떠나 내가 네게 보여 줄 땅으로 가라 내가 너로 큰 민족을 이루고 네게 복을 주어 네 이름을 창대하게 하리니 너는 복이 될지라" – 창 12:1,2 (창 9:1 창 28:14)

물론 전도는 자손을 번성하는 것과는 다른 이야기이다. 하지만 비전을 통해 후손을 약속하신 구약의 하나님처럼 신약의 예수님도 승천하시며 우리에게 "모든 족속으로 제자를 삼으라"라고 말씀하셨다. 이는 구약의 약속보다 훨씬 더 원대하고 숭고한 하나님의 마지막 비전이다. 하나님은 아브라함에게 축복을 주실 때 단순히 말로만 하지 않으시고 밤하늘의 별과 동서남북의 땅을 두루 다니며 하나님이 주실 큰 복을 '보게' 하셨다.

아브라함은 밤하늘의 별과 동서남북의 땅을 보며 하나님의 비전이 무엇인지 알았다. 마찬가지로 전도를 하는 우리에게도 각각의 비전이 있어야 한다. 개인적인 전도의 목표뿐 아니라 더 크게는 세계를 향한 비전이 전도라는 큰 틀 안에 존재해야 한다. 꿈을 품으면 하나님께서 자라게 하시며 열매를 맺게 해주신다.

## 배가를 이루는 비전

배가(倍加, Multiplying)는 재생산할 수 있는 후손을 낳아 번성하는 것이다. 배가는 우주의 기본 법칙 중 하나다. 배가의 핵심은 재생산에 있다. 영적 배가 사역이란 이런 배가의 원리가 영적인 영역에서 이루어지는 것으로 내가 먼저 충성된 사람이 되어 모든 족속으로 제자를 삼아 가르치고 번성시켜 그리스도의 복음으로 땅을 정복해 나아가는 의미를 가진다.

> "또 네가 많은 증인 앞에서 내게 들은 바를 충성된 사람들에게 부탁하라 그들이 또 다른 사람들을 가르칠 수 있으리라" - 딤후 2:2

하나님이 인류에게 주신 첫 번째 명령은 바로 "생육하고 번성하여 땅에 충만하라"는 배가의 명령이며 약속이다. 홍수 후 배에서 나온 노아에게 주신 약속도, 그리고 그 후 아브라함을 통해서도 육적, 영적 배가의 약속이 동일하게 주어졌다.(창 9:1 창 15:5 창 22:17,18)

이 약속은 야곱을 거쳐 열두지파와 그 후손들을 통해 이루어진 것을 우리는 성경을 통해서 보게 된다. 이 약속들은 또 각 지파와 족장들을 통해서 그들의 자녀들에게 상속되고 이어져 예수 그리스도로 말미암아 성취되었다.

지금은 예수님 당시의 제자훈련과 초기 복음 전도 사명을 감당하던 때와 비교할 수 없는 좋은 환경이다. 내가 직접 복음을 전하여 한 사람의 영적 성장을 도울 수 있다면 무엇과 비교할 수 없는 기쁨이며 보람이다. 그러나 각자 생업의 현장에서 한 사람을 교회에 인도하여 교회의 좋은 양육 시스템으로 인도된 자를 도울 수 있다. 교회는 처음 오는 새 가족에게 맡은 부서에서 복음을 전하여 결신을 도우며 다양한 교육 과정으로 양육한다. 새 가족은 교우들의 관심과 보호 속에서 하나님께 예배를 드리며 영적 성장을 이룬다. 성장한 그가 다시 다른 사람을 인도한다면 배가는 이루어지는 것이다.

### 한 사람을 향한 비전

성경의 모든 역사는 한 사람을 통해 시작된 경우가 많다. 아담, 노아, 아브라함, 다윗… 등 성경의 역사는 한 사람으로 시작된 역사라고도 볼 수 있다. 그러나 이 한 사람이 어떤 사람이 될지는 아무도 모른다. 내가 될 수도 있고, 내가 전도한 사람이 될 수도 있다. 지금 상황에서 어떤 사람에게 복음을 전해야 하는지, 그리기 위해서는 어떻게 기도하고, 어떻게 도와야 하는지 한 사람을 향한 비전과 구체적인 목표를 먼저 세워보자.

하나님의 사역은 무리를 통한 사역이 아니라 하나님께 전심으로 헌신한 한 사람과 그의 가족을 통해서 이루어졌음을 알 수 있다. 하나님은 평범한 한 사람을 택하시어 그를 훈련시키고 구비시키어 그를 통해 놀라운 일들을 일구어내신다.

예수 그리스도의 사역도 대중 사역과 개인 사역으로 구분되지만, 핵심은 개인 사역이었다. 예수님의 사역을 본받아 그대로 행하면 훌륭한 주님의 제자로, 지도자로 세워질 수 있다.

예수님의 제자 중 수제자인 베드로의 영향력은 엄청났다. 그러나 안드레가 아니었다면 베드로는 예수님께 나아올 수 없었다. 성경에 나오는 안드레의 활약은 베드로와는 비교되지 않지만, 안드레의 전도가 없었다면 수제자인 베드로도 없었다. 우리가 베드로와 같은 위대한 제자는 될 수 없을지 모른다. 하지만 안드레와 같이 한 사람을 주님께로 인도할 수는 있다.

교회 안에서, 또 교회 밖에서 평신도의 양육사역은 이루어진다. 갓난아기를 기르는 부모가 자녀 양육을 수고로 여기지 않고 자녀의 성장을 바라보며 즐거워하듯이 영적인 양육도 사랑과 헌신이 수반되지만, 영적으로 성장하는 것을 바라볼 때 기쁨과 즐거움은 육체적 자녀 양육과 비교하여 결코 작다고 볼 수 없다.(살전 2:19,20)

지금의 지역 교회에서는 한 사람을 향한 비전을 동일하게 가지며 이루어 갈 수 있다. 교회는 교회의 좋은 환경과 교육 시스템 속에서 맡겨주신 한 사람을 도우며 세워가고 있기 때문이다. 교회 학교와 구역 소그룹 모임, 그리고 남녀 선교회와 다양한 모임에서 서로를 격려하며 초신자를 도와간다면 이미 주님의 비전을 이루는 것이다. 이 모든 생활 신앙 속에서 영적 성장을 이루며 하나님의 부르심이 있을 때 또 다른 사명을 감당할 준비를 가져야 한다. 주님의 바람은 양보다 질이다. 그러므로 우리는 언제나 한 사람을 찾고 그를 금은보석처럼 만드는 꿈이 있다. 그 한 사람은 우리의 비전이며 영광의 면류관이기 때문이다.

## 세계를 향한 비전

지금은 전 세계를 향해 퍼져있는 복음이지만 예수님이 이 땅에서 본격적으로 복음을 전하신 것은 공생애 기간인 딱 삼 년 반이다. 그러나 예수님은 그 기간 동안 이스라엘뿐 아니라 세계를 향한 확실한 비전을 가지고 계셨다.

가장 위대한 명령이라 하여 지상명령(Great Commission)이라 부르는 이 명령은 하나님께서 예수님을 통해 이루기를 소망하셨으며, 제자들에게 위임된 그리고 예수님을 믿는 모든 성도들에게 위임된 명령이자 사명이다.

우리가 교회 학교나, 소그룹으로 이루어지는 모든 모임에서 주님의 지상 사명과 세계 비전을 연관하여 사역할 때 그 의미가 더해진다. 내가 하는 봉사가 무엇이든 우리의 시야는 주님께서 품으셨던 세계를 동일하게 품어야 하며 주님의 시야로 세계를 바라보아야 한다.


예수님은 제자 삼는 일을 통해 복음을 예루살렘이 아닌, 이스라엘이 아닌, 모든 족속에게 전파하라고 명령하셨다. 세계 비전은 하나님이 품으셨던 비전이었고, 예수님이 품었던 비전이며, 그의 제자들과 바울도 동일하게 가졌던 비전이다.

비전은 누구라도 믿음으로 품으면 하나님께서 자라게 하신다. 비록 지금 당장은 세계를 향한 비전을 품기에 내가 너무 초라해 보일지 모른다. 상황도 여의치 않을지 모른다. 그러나 하나님의 방법을 나의 생각으로 제한하지 말고 주시는 마음에 순종하며 선교 헌금으로, 또한 선교사님들을 위한 기도로, 짧은 단기 선교를 통해서라도 세계를 향한 전도의 비전을 품어야 한다. 이 비전은 내가 품지만, 하나님이 키우시고 책임져주실 복음의 비전이다.


## 우리의 사명

우리는 우리와 항상 함께하는 사람들에게, 또 어떤 사람들에게 예수님을 알릴 수 있는 유일한 사람일 수 있다. 우리의 사명은 그들에게 예수님에 대해 이야기해 주는 것이다.

이것은 무거운 책임이지만 엄청난 영광이기도 하다. 예수님을 전하므로 그들에게 영원한 생명을 소유하게 하는 것을 돕는 일은 가장 위대한 특권이며 가장 위대한 일이다. 예수님 외에 다른 이름으로 구원을 얻게 할 수 없기 때문이다.

"모든 것이 하나님께로서 났으며 그가 그리스도로 말미암아 우리를 자기와 화목하게 하시고 또 우리에게 화목하게 하는 직분을 주셨으니" – 고후 5:18

"다른 이로써는 구원을 받을 수 없나니 천하사람 중에 구원을 받을 만한 다른 이름을 우리에게 주신 일이 없음이라 하였더라" – 행 4:12

세계 비전을 성취해 가는 데 있어 우리의 역할과 책임은 성령 충만함을 통해 권능을 받는 것이 먼저다. 이것은 주님께서 주신

동력이다. 내가 머물러 있는 곳에서 주님의 증인이 되면 다른 곳, 그리고 땅 끝에서도 주님의 증인이 될 수 있다. 하나님은 오늘도 전심으로 하나님을 향하는 올바른 마음을 가진 자들에게 능력을 베푸시고 두루 살피신다.

우리나라에도 외국인들이 많이 거주하며 생활하기에 그들을 따뜻하게 대하고, 위로하고, 필요를 채워주는 것도 세계 선교에 기여하는 좋은 방법이다.

우리나라로 유학 오는 젊은이, 외국 근로자들을 대상으로 하는 사역은 다음 세대를 위한 훌륭한 투자이며 사역이다. 특히 북한선교를 위하여 새터민들을 사랑으로 보듬고 새로운 생활에 잘 적응하도록 돕는 것도 훌륭한 세계 선교이다.

하나님께서 우리에게 주신 것으로 하나님을 위하여 사용할 때 하나님은 더 크게 우리를 사용해 주신다. 성경은 역사를 말한다. 하나님은 성경 말씀을 따르는 민족을 흥하게 하셨다.


## 참고 서적

「왜 하나님은 악을 허용하시는가?」 - 빌더 슈미트 저, IVP(1989)
「TBC 성서연구」 - 교육목회협의회 출판부(1990)
「제자훈련과정」 - 네비게이토출판사(1986)
「간추린 100분 성경」 - Michael Hinton 저, 대가(2009)

망망한 바다 한가운데서 배 한 척이 침몰하게 되었습니다.
모두들 구명보트에 옮겨 탔지만 한 사람이 보이지 않았습니다.
절박한 표정으로 안절부절 못하던 성난 무리 앞에 급히 달려 나온 그 선원이
꼭 쥐고 있던 손바닥을 펴 보이며 말했습니다.
"모두들 나침반을 잊고 나왔기에… "
분명, 나침반이 없었다면 그들은 끝없이 바다 위를 표류할 수 밖에 없을 것입니다.

우리는 삶의 바다를 항해하는 모든 이들을 위하여
그 나침반의 역할을 하고 싶습니다.
우리를 구원하신 위대한 주 예수 그리스도를 널리 전하고 싶습니다.

"하나님은 모든 사람이 구원을 받으며
진리를 아는 데에 이르기를 원하시느니라"
(디모데전서 2장 4절)

## 새로운 삶의 축복

지은이 | 최하중 장로
발행인 | 김용호
발행처 | 나침반출판사

제1판 발행 | 2024년 11월 15일

등   록 | 1980년 3월 18일 / 제 2-32호
본   사 | 07547 서울특별시 강서구 양천로 583
          블루나인 비즈니스센터 B동 1607호
전   화 | 본사 (02) 2279-6321 / 영업부 (031) 932-3205
팩   스 | 본사 (02) 2275-6003 / 영업부 (031) 932-3207
홈   피 | www.nabook.net
이   멜 | nabook365@hanmail.net
일러스트 제공 | 게티이미지뱅크

ISBN  978-89-318-1665-5
책번호 나 1043

값은 뒤표지에 있습니다.